Comptabilité
et Gestion

BTS

Processus 3

ÉDITION
2023

GESTION DES OBLIGATIONS FISCALES

BI MÉDIA

1re ANNÉE

Patrick BIHONDA
Sandrine COLLET

FontainePicard

Maquettes (couverture et intérieure) : FontainePicard
Mise en page : FontainePicard

ISBN : 978-2-7446-4729-1

Avant-propos

Vous vous destinez à travailler dans le secteur de la comptabilité. Il y a de fortes chances que la fiscalité fasse partie de votre **cœur de métier** ! Dans un contexte réglementaire et économique en **constante évolution**, vous devrez savoir faire preuve de réactivité, d'adaptabilité et de curiosité afin d'être toujours performant dans vos missions… La rigueur est toujours une qualité nécessaire, mais plus suffisante : vous devrez aussi savoir communiquer et vous adapter à votre environnement.

Cet ouvrage a l'ambition de répondre à ces attentes. Grâce à un enseignement par les **contextes**, elle vous amène à vous adapter à un environnement donné, et ainsi à développer des **compétences** que vous pourrez réinvestir dans une autre situation. Le travail de **veille réglementaire** est également très présent : tout au long de l'ouvrage, vous serez amené(e) à développer des réflexes de recherche, de vérification de données, d'organisation des informations recueillies… Ces réflexes vous serviront tout au long de votre vie professionnelle.

Retrouvez des cas d'entraînements au format examen et un chapitre spécial « Préparation à l'examen ».

Les chapitres sont construits en 4 parties : les activités découverte, la fiche à retenir, le QCM d'autoévaluation puis des entraînements de difficulté progressive.

L'utilisation de cet ouvrage conviendra aussi parfaitement aux formations en alternance, la fiche à retenir reprenant l'essentiel à savoir et les activités de découverte pouvant devenir des exercices d'application.

Les auteurs

Collection BTS CG… Ouvrages Bi-Média

Facile comme un clic : format html, lisible par tout navigateur, aucune application à installer

BI MÉDIA

Ouvrage numérique version étudiant enrichi

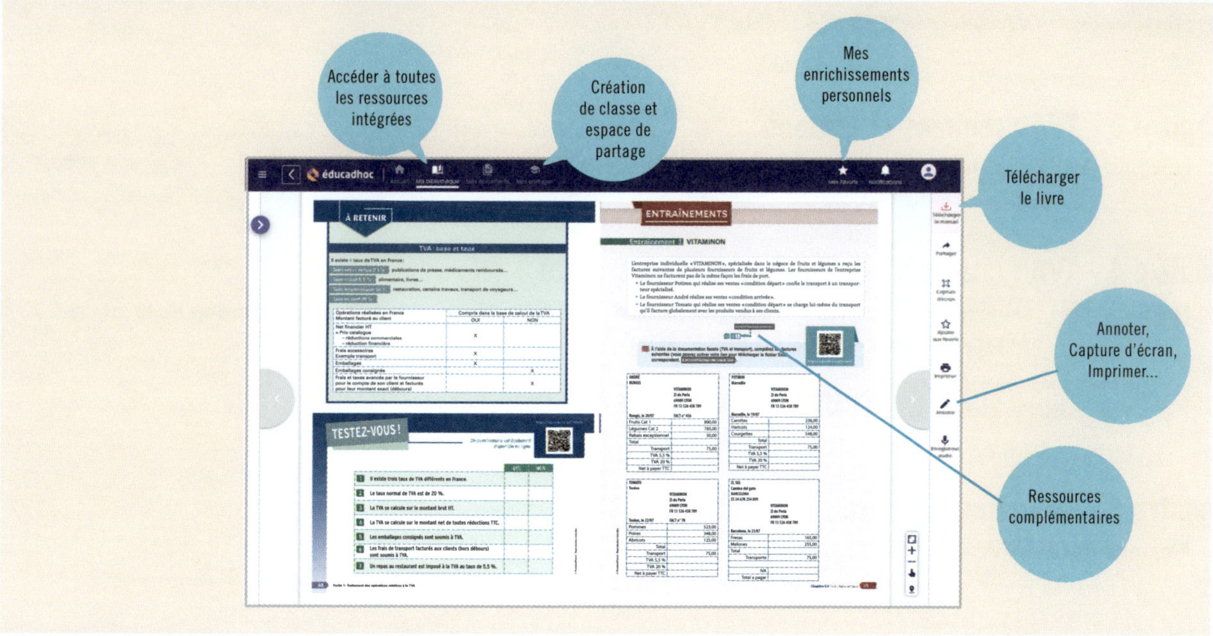

Codes d'accès Bi-Média (version en ligne)

Prescription à une classe

L'enseignant se déclare prescripteur sur le site www.fontainepicard.com pour disposer d'un accès aux ressources contenues dans le logiguide.

Afin d'obtenir les versions Bi-Média (à destination de l'enseignant et de ses étudiants), l'enseignant doit en faire la demande directe auprès de notre distributeur, le Kiosque numérique de l'Education (KNE), sur le portail de commande dédié : https://www.kiosque-edu.com

Un justificatif d'achat sera requis pour valider la demande (facture d'ouvrages FontainePicard, facture libraires, liste officielle du lycée ou attestation du chef d'établissement faisant mention du (ou des) manuel(s) FontainePicard utilisé(s) en classe).

Livraison directe dans l'ENT de l'établissement dans les 48 heures après la commande Bi-Média.

Pour plus de renseignements :
https://www.fontainepicard.com/content/41-nos-ouvrages-bimedia

Commande individuelle

Merci de nous contacter sur cette adresse e-mail : multimedia@fontainepicard.com pour demander votre clé d'activation (joindre le justificatif d'achat de l'ouvrage).

Sommaire

INTRODUCTION

PARTIE 1 – TRAITEMENT DES OPÉRATIONS RELATIVES À LA TVA

Extrait du référentiel des activités professionnelles

P3 – Gestion des obligations fiscales

3.1. Conduite de la veille fiscale

- 3.1.1 Réalisation de la veille juridique nécessaire à l'application des obligations fiscales
- 3.1.2 Identification des obligations fiscales de l'organisation
- 3.1.3 Élaboration de l'échéancier fiscal

3.2. Traitement des opérations relatives à la TVA

- 3.2.1 Préparation de la déclaration de TVA
- 3.2.2 Établissement, contrôle et transmission de la déclaration de TVA
- 3.2.3 Enregistrements comptables de la déclaration de TVA
- 3.2.4 Conseil en matière de régime et d'options de TVA
- 3.2.5 Contribution à l'évolution des procédures de traitement et de contrôle de TVA

3.3. Traitement des opérations relatives aux impôts directs

- 3.3.7 Participation au calcul de l'impôt sur le revenu (IR)

3.4. Traitement des cas particuliers et autres impôts

- 3.4.1 Identification et recensement des autres impôts directs
- 3.4.2 Recouvrement et enregistrement des autres impôts directs

(Extrait du référentiel BTS CG 29-04-2019)

Présentation du système fiscal français, généralités

CHAPITRE 1

3.1.1 Réalisation de la veille juridique nécessaire à l'application des obligations fiscales

Compétence

- Découvrir au gré des activités le système fiscal français et ses caractéristiques.

Notions clés

- Loi de finances
- Impôts directs et indirects
- Champ d'application
- Assujetti
- Assiette
- Liquidation
- Recouvrement

PLAN

Activités

À l'aide des **fiches ressources**, documentations fiscales extraites de sites de source officielle, réalisez les différentes activités proposées.

1. Découvrir le vocabulaire fiscal pour mieux comprendre les documentations
2. Différencier les impôts des cotisations sociales
3. Découvrir les recettes fiscales et distinguer les impôts directs et indirects
4. Qui dit vrai ?

Fiche ressources

1. Lexique
2. Généralités sur l'impôt et son cadre juridique
3. Budget de l'État et organisation des services de la DGFIP

Révision

1. À retenir
2. Testez-vous

Dossier VEILLE FISCALE ET L'IMPOSITION DES GÉANTS DU NUMÉRIQUE

Pour aller plus loin

- Caractériser un système d'information
- Réaliser une veille informationnelle

Activité 1

Découvrir le vocabulaire fiscal pour mieux comprendre les documentations

1 Associez chaque mot à sa définition.

Personne physique	Calcul de l'impôt
Personne morale	Base d'imposition sur laquelle sera calculé l'impôt
Impôt, qui en fixe les règles ?	Personne soumise à un impôt
Champ d'application	Encaissement de l'impôt par l'administration fiscale
Assiette	Particulier
Assujetti	Celui qui subit l'impôt
Contribuable	Groupement avec une existence juridique propre (ex. société)
Liquidation	Il comprend les personnes imposables, les opérations imposables
Recouvrement	Prestations pécuniaires mises à la charge des personnes physiques et morales en fonction de leurs capacités contributives et sans contrepartie. Le parlement, il faut une loi (loi de finances) pour en fixer les règles
Redevable	Celui qui paie l'impôt

Activité 2

Différencier l'impôt des cotisations sociales

Examinez le **document** ci-après et répondez aux questions.

2 **Quel est le montant du salaire brut ?**

3 **Ce salarié a-t-il eu des remboursements de frais ?**

4 **Quel est le montant du Net payé au salarié ?**

5 **À quoi correspond la différence entre le brut et le net payé ?**

6 **Citez des cotisations sociales.**

7 **Citez un impôt.**

8 **Quelle est la différence entre les deux ?**

Document Bulletin de salaire

Libellé	Base	Taux salarial	Part salarié	Taux patronal	Part employeur
Salaire de base	151,67	11,7346	1 779,79		
Heures supplémentaires à 10 %	17,33	12,9081	223,70		
Heures supplémentaires à 25 %	4,33	14,6683	63,51		
Total brut			**2 067,00**		
SANTÉ					
Sécurité sociale-Maladie Maternité Invalidité Décès	2 067,00			7,000	144,69
Complémentaire Santé	42,00	50,000	21,00	50,000	21,00
ACCIDENT DU TRAVAIL - MALADIES PROFESSIONNELLES	2 067,00			1,100	22,74
RETRAITE					
Sécurité sociale plafonnée	2 067,00	6,900	142,62	8,550	176,73
Sécurité sociale déplafonnée	2 067,00	0,400	8,27	1,900	39,27
Complémentaire Tranche 1	2 067,00	4,010	82,89	6,010	124,23
FAMILLE	2 067,00			3,450	71,31
ASSURANCE CHÔMAGE	2 067,00			4,200	86,81
AUTRES CONTRIBUTIONS DUES PAR L'EMPLOYEUR					10,28
CSG non imposable à l'impôt sur le revenu (hors HS)	1 769,64	6,800	120,34		
CSG/CRDS imposables à l'impôt sur le revenu (hors HS)	1 769,64	2,900	51,32		
CSG/CRDS sur HS imposables à l'impôt sur le revenu	282,18	9,700	27,37		
Réduction cotisations heures supplémentaires	287,21	11,310	- 32,48		
EXONÉRATIONS DE COTISATIONS EMPLOYEUR					- 366,93
TOTAL DES COTISATIONS ET CONTRIBUTIONS			**421,33**		**330,13**
À RAJOUTER :					
Remboursement Frais transport en commun	20,00	50,000	10,00		
Remboursement Frais de déplacement			222,66		
À DÉDUIRE					
Acompte			500,00		
NET À PAYER AVANT IMPÔT SUR LE REVENU				**1 378,33**	
Impôt sur le revenu Prélevé à la source - Taux neutre	1458,15	5,00 %	72,91	**NET PAYÉ en euros**	
				1 305,42	

Remarque : le bulletin et les modalités de calcul des cotisations seront étudiés dans le processus 4 (pochette Fontaine Picard P4).

Activité 3

Découvrir les recettes fiscales et distinguer les impôts directs des impôts indirects

9 À l'aide de la **fiche ressources 2**, identifiez les grands principes de l'impôt.

10 Quelle est la principale recette fiscale ? S'agit-il d'un impôt direct ou indirect ? Justifiez.

11 Classez les recettes fiscales citées en impôts directs et indirects ? Justifiez.

12 À qui doit s'adresser une entreprise pour des questions concernant son imposition sur son bénéfice ?

Activité 4

Qui dit vrai ?

13 Qui dit vrai ? Vous justifierez vos réponses

On paie tous des impôts !

Quand on travaille oui sinon non ! Moi auj, je n'ai payé aucun impôt, j'ai acheté un café avec un croissant et j'ai passé ma journée au lycée !

Justifiez :

Il paraît que s'il n'y avait pas d'impôt, on paierait pour aller au lycée !

Les impôts cela ne sert à rien !

Justifiez :

J'ai lu sur mon téléphone que le président avait décidé de créer un nouvel impôt. Il est président de la République, il peut décider seul !

Arrête de croire tout ce que tu lis, les impôts sont votés par le Parlement.

Justifiez :

Tu imagines ce qu'Apple doit payer comme impôts en France ! Des centaines de millions.

Pas du tout, ils profitent des divergences européennes et internationales pour minimiser leurs impôts…

Justifiez :

1 LEXIQUE

Abattement	Somme forfaitaire déduite de la base imposable.
Acte sous seing privé	Acte écrit rédigé par un particulier et comportant la signature manuscrite des parties.
Action	Titre de propriété négociable émis par une société de capitaux en représentation d'une partie de son capital.
Assiette	- Ensemble de règles ou d'opérations tendant à déterminer les éléments (bénéfice, chiffre d'affaires...) qui doivent être soumis à l'impôt. - Élément retenu pour le calcul de l'impôt pour l'application du tarif (l'assiette est alors synonyme de base).
Assujetti	Personne soumise à un impôt.
Avis d'imposition	Document administratif sur lequel figurent les éléments servant de base au calcul de l'impôt, le montant des sommes à payer, les conditions de leur exigibilité et la date de leur mise en recouvrement.
Avis de non-imposition ou d'imposition non mise en recouvrement	Document administratif adressé au contribuable précisant qu'il n'a pas d'impôt à payer.
Budget	- Ensemble de textes législatifs par lesquels sont prévues et autorisées les recettes et les dépenses annuelles de l'État. - Ensemble des comptes qui décrivent pour une année civile toutes les ressources et charges de l'État. - Ensemble des comptes qui décrivent les crédits d'un ministère pour une année civile.
Champ d'application	Ensemble des biens, activités, situations ou opérations concernés par une disposition fiscale et limites d'application de cette disposition dans le temps et dans l'espace.
Contribuable	Personne qui supporte directement la charge des contributions, impôts, droits ou taxes dont le recouvrement est autorisé par la loi.
Crédit d'impôt	Créance fiscale imputable sur un impôt.
Décote	Méthode de diminution de l'impôt théoriquement dû.
Déduction	Somme soustraite du bénéfice brut ou du revenu brut.
Imposable	Désigne la situation fiscale d'une personne ou d'une opération qui, par son activité ou sa nature, entre dans le champ d'application de l'impôt.
Liquidation	Opération de calcul de l'impôt par application du taux ou du tarif à la base imposable.
Meubles meublants	Objets servant à garnir et à meubler un appartement ou une maison.
Obligation	Titre de créance négociable productif d'intérêts, émis par une société ou une collectivité publique, en contrepartie d'un prêt.
Patrimoine	Ensemble des biens d'une personne physique ou d'une personne morale.
Personne morale	Groupement ayant une existence juridique propre.
Prescription	Délai au terme duquel l'action publique ne peut plus être entreprise.
Quotient familial	Dispositif permettant de proportionner l'IR au nombre de personnes composant le foyer fiscal. Il consiste à diviser le revenu imposable du foyer fiscal concerné par le nombre de « parts », ce nombre dépendant de la situation de chaque contribuable et du nombre de personnes considérées comme étant fiscalement à sa charge.
Recouvrement	Synonyme d'encaissement. La mise en recouvrement est l'opération par laquelle la créance du Trésor devient certaine à une date déterminée.
Redevable	Personne à qui incombe le paiement d'un impôt.
Réduction	Atténuation d'impôt.
Résidence principale	Habitation où réside habituellement un contribuable.
Rôle	Liste des contribuables indiquant le montant de l'impôt qu'ils ont à payer.
Valeur locative	Loyer que produirait un immeuble s'il était loué. On distingue la valeur locative cadastrale qui est fixée par l'administration, lors de l'achèvement des locaux ou lors de révisions périodiques, de la valeur locative réelle qui correspond au prix du marché.

Source : *https://www.impots.gouv.fr/portail/files/media/brochure_fiscalite_francaise.pdf*

2 GÉNÉRALITÉS SUR L'IMPÔT ET SON CADRE JURIDIQUE

FICHES RESSOURCES

La brochure sur la fiscalité française, qui est essentiellement destinée à un public étranger, présente les grandes lignes du système fiscal français. Il convient au préalable de définir la place de la fiscalité dans l'ensemble des prélèvements obligatoires, puis de situer la fiscalité dans l'ordre juridique français.

A Définition de l'impôt par rapport aux autres prélèvements obligatoires

Les prélèvements obligatoires comprennent les impôts, les redevances pour services rendus, les droits de douane et les cotisations sociales.

Les impôts sont des prestations pécuniaires mises à la charge des personnes physiques et morales en fonction de leurs capacités contributives et sans contrepartie déterminée en vue de la couverture des dépenses publiques et de la réalisation d'objectifs économiques et sociaux fixés par la puissance publique.

Les redevances pour services rendus, qui sont dues en cas d'utilisation de certains services publics ou en contrepartie du droit de les utiliser, sont également des prélèvements obligatoires. Elles ne constituent toutefois pas des impôts à proprement parler, dès lors qu'elles donnent droit à des contreparties.

Quant aux droits de douane, ils se distinguent des impôts en raison de leur caractère économique, leur objet étant de protéger le marché intérieur.

Enfin, en dépit de leur caractère obligatoire, les cotisations sociales ne sont pas des impôts dans la mesure où elles sont perçues dans un but déterminé - la protection sociale - et où le versement de prestations en constitue la contrepartie.

B Fondements juridiques de l'impôt en France

La nécessité de l'impôt est affirmée par l'article 13 de la Déclaration des droits de l'homme et du citoyen de 1789 : « Pour l'entretien de la force publique, et pour les dépenses d'administration, une contribution commune est indispensable ». Le même article pose le principe d'égale répartition « entre tous les citoyens, en raison de leurs facultés ». L'article 14 de cette Déclaration dispose que les citoyens ont le droit de constater, par eux-mêmes ou par leurs représentants, « la nécessité de la contribution publique, de la consentir librement, d'en suivre l'emploi et d'en déterminer la quotité, l'assiette, le recouvrement et la durée ».

À la différence des autres prélèvements obligatoires, l'impôt ne peut donc être établi et recouvré qu'en vertu d'un acte du pouvoir législatif, c'est-à-dire du Parlement.

Ce principe est consacré par l'article 34 de la Constitution aux termes duquel la loi fixe les règles concernant l'assiette, le taux et les modalités de recouvrement des impositions de toute nature. Le pouvoir exécutif n'intervient donc que dans la mise en œuvre des règles fiscales définies par le Parlement en précisant, sous le contrôle du juge de l'impôt, leurs modalités et conditions d'application.

Source : *Brochure éditée par la DGFP / Extrait de l'introduction*

3 BUDGET DE L'ÉTAT ET ORGANISATION DES SERVICES DE LA DGFIP

FICHES RESSOURCES

A Budget de l'État : chiffres et généralités sur les recettes fiscales

Les recettes fiscales nettes du budget général de l'État - Projet loi de finances 2023

	en milliards d'euros
Taxe sur la valeur ajoutée	102,1
Impôt sur le revenu	86,8
Impôt sur les sociétés	58,9
Taxe intérieure de consommation sur les produits énergétiques	17,9
Autres contributions fiscales	48,6
Total	314,3

Les recettes fiscales de l'État représentent plus de 94 % de l'ensemble de ses recettes. Elles sont composées d'impôts directs et indirects (distinction entre contribuables et redevables). Elles permettent à l'État de mettre en œuvre ses différentes politiques publiques. Dans le projet la loi de finances pour 2023, elles atteignent 314,3 milliards d'euros nets (budget général de l'État).

Source : *vie-publique/Fiches/Finances publiques/Les ressources de l'État*

B Deux types de recettes fiscales

- Les **impôts directs** sont les impôts supportés directement par les personnes qui y sont assujetties. Ils sont souvent recouvrés à l'aide d'un rôle, c'est-à-dire d'une liste nominative des contribuables. Ces derniers ne peuvent reporter la charge de l'impôt sur d'autres agents économiques, à la différence des impôts indirects.
- Les **impôts indirects** sont les impôts sur les dépenses, qui s'incorporent dans le prix des biens et des services consommés. Les entreprises les versent à l'État. Il en existe deux catégories : la taxe sur la valeur ajoutée (TVA), assise sur la consommation, et les contributions indirectes, impôts spécifiques relatifs à certains produits ou certaines activités déterminées.

L'impôt dont le **rendement est le plus important est la TVA**.

C Budget de l'État : les principales dépenses

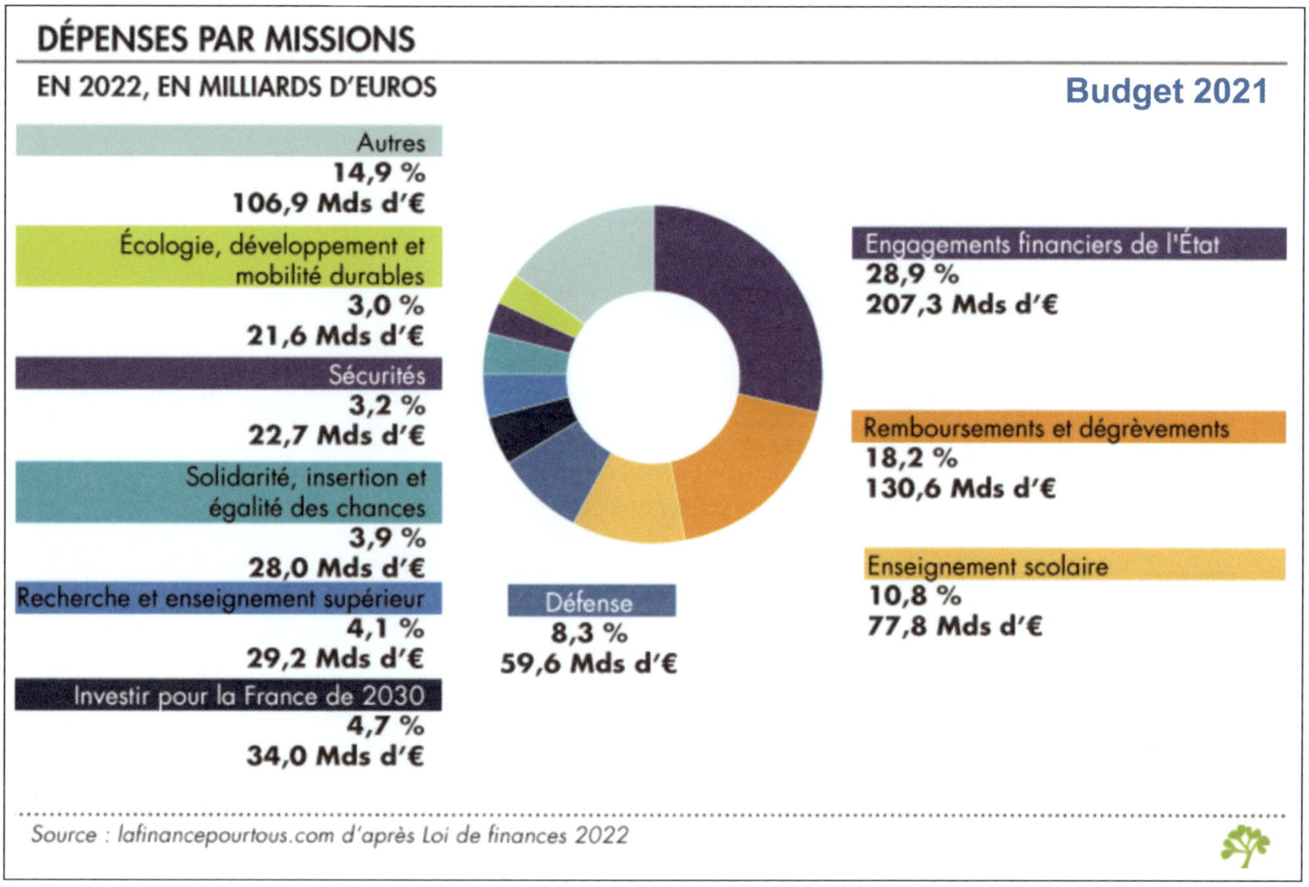

Source : *https://www.performance-publique.budget.gouv.fr/tableau de bord/budget de l'État/Dépenses par mission*

D Organisation des services de la DGFIP (Direction Générale des Finances Publiques)

1 Les services des impôts des particuliers (SIP)

Installés en milieu urbain, les services des impôts des particuliers sont compétents pour le calcul et le recouvrement des impôts dus par les contribuables personnes physiques.

Le SIP est l'interlocuteur unique des particuliers pour les déclarations, les calculs, les exonérations, les réclamations, les paiements et demandes de délais de paiement relatifs à l'impôt sur le revenu, aux impôts locaux ou à la contribution à l'audiovisuel public.

L'accueil fiscal de proximité

Les particuliers peuvent également bénéficier, sur tout le territoire, dans l'ensemble des services de la DGFiP exerçant une mission fiscale, d'un accueil fiscal de proximité. Celui-ci permet aux usagers d'obtenir une réponse aux questions les plus fréquentes en matière fiscale et leur assure une prise en charge de leur démarche, qu'elle concerne le calcul ou le paiement de l'impôt, sans déplacement supplémentaire.

2 Les services des impôts des entreprises (SIE)

Les SIE sont les interlocuteurs uniques des PME, des commerçants, des artisans, des agriculteurs et des professions libérales pour le dépôt des déclarations professionnelles (déclarations de résultats, de TVA, de CFE, de CVAE…) et le paiement des principaux impôts professionnels (impôt sur les sociétés, TVA, taxe sur les salaires…).

À noter que les grands groupes et les grandes entreprises disposent d'un interlocuteur spécifique, la Direction des grandes entreprises (DGE) située à Pantin, en Seine Saint-Denis.

Source : *www.economie.gouv.fr>dgfip>presentation>nos services*

À RETENIR

Les grands principes de l'impôt sont :

- le principe de **légalité** de l'impôt : la Loi doit fixer les règles de l'impôt (assiette, taux, modalités de recouvrement) ;
- le principe **d'égalité devant l'impôt** ;
- le principe de **nécessité de l'impôt**

https://aquoiserventmesimpots.gouv.fr

On distingue les impôts **directs** des impôts **indirects** :

- impôts directs : ils sont acquittés par le contribuable et versés directement par celui-ci à l'administration (ex IR/IS).
- impôts indirects : ils sont acquittés par le contribuable puis versés à un tiers collecteur, puis reversés à l'État (ex TVA, principale ressource fiscale).

VOCABULAIRE FISCAL

Assujetti : personne soumise à un impôt

Contribuable : personne qui supporte l'impôt

Redevable : personne qui paie l'impôt

Liquidation : calcul de l'impôt

Assiette de calcul de l'impôt : base de calcul de l'impôt

Recouvrement : encaissement de l'impôt par l'administration fiscale soit de manière spontanée, soit après envoi d'un avis d'imposition, soit par une retenue à la source.

TESTEZ-VOUS !

https://eqrcode.co/a/CpJPMW

Ce questionnaire est également disponible en ligne.

1	La TVA est	❑ un impôt direct	❑ un impôt indirect
2	L'IR est	❑ un impôt direct	❑ un impôt indirect
3	La première ressource fiscale pour l'État est	❑ la TVA	❑ l'IR
4	Liquider un impôt signifie	❑ calculer cet impôt	❑ payer cet impôt
5	Le redevable est	❑ celui qui subit l'impôt	❑ qui paie l'impôt
6	Le contribuable est	❑ celui qui subit l'impôt	❑ qui paie l'impôt
7	Le contribuable et le redevable sont identiques dans le cas	❑ d'un impôt direct	❑ d'un impôt indirect
8	Pour toute question fiscale, un particulier doit s'adresser	❑ au SIE	❑ au SIP
9	Pour toute question fiscale, une entreprise doit s'adresser	❑ au SIE	❑ au SIP

VEILLE FISCALE ET L'IMPOSITION DES GÉANTS DU NUMÉRIQUE

Les géants du numérique sont deux fois moins imposés que les entreprises traditionnelles en Europe. Une situation qui a poussé plusieurs États membres à plaider en faveur d'une plus grande justice fiscale. Malgré le manque de consensus au niveau européen, les négociations internationales sur un impôt mondial pourraient aboutir à une taxation des GAFA.

Au sein de l'Union européenne, chaque État membre décide, pour l'essentiel, de sa politique fiscale. L'impôt sur les sociétés peut ainsi constituer un levier d'attractivité pour certains pays de l'UE qui proposent aux entreprises une fiscalité particulièrement avantageuse. D'une façon générale, la concurrence fiscale tend à faire baisser les taux d'imposition des entreprises depuis les années 1980, et pousse certains États membres à adopter une politique de dumping fiscal, créant d'importants écarts en la matière au sein du marché intérieur.

Les **géants du numérique** profitent largement de ces écarts pour minorer leurs impôts. Car même si les Gafa (Google, Apple, Facebook, Amazon), et plus largement les **multinationales de l'économie numérique** (Uber, Airbnb, etc.), se déploient dans des secteurs différents, ils ont une particularité commune : proposer leurs services sur le web leur permet de localiser leur siège social dans un pays différent de celui où se trouvent leurs utilisateurs, ou a minima de pouvoir déclarer tout ou partie des bénéfices enregistrés dans le pays de leur choix.

Or dans les pays européens, les règles actuelles d'imposition des bénéfices sont fondées sur le **principe de l'établissement stable**. Autrement dit, l'entreprise paye des impôts sur ses bénéfices dans le pays où elle est présente physiquement. Une présence qui se mesure par le nombre d'employés ou encore le montant des **actifs corporels** : usines, terrains, machines, etc.

En l'absence d'harmonisation fiscale européenne, les Gafa peuvent donc implanter leurs filiales européennes - et donc leur présence physique - dans les États qui proposent les taux d'imposition les plus faibles, tout en limitant leur présence physique dans les autres.

Par exemple, Google France n'a déclaré en 2018 qu'un chiffre d'affaires de 411 millions d'euros et a payé en France 17 millions d'euros d'impôts. Pourtant, les seules recettes publicitaires réalisées en France auraient rapporté à Google environ 2 milliards d'euros, estime le Syndicat des régies internet.

Résultat : en moyenne dans l'UE, les entreprises du numérique sont soumises à un taux d'imposition effectif **deux fois moins élevé** que celui applicable aux entreprises traditionnelles, selon la Commission européenne. Ce qui crée des **conditions de concurrence** défavorables et prive les États membres d'importantes **recettes fiscales**.

Dès lors, la question d'une **taxe** spécifique à ces entreprises s'est posée, afin qu'elles payent leur « juste part » d'impôt dans les juridictions où elles exercent une activité.

Pourquoi le premier projet européen a-t-il échoué ?

Poussée par un élan commun des ministres de l'Économie français et allemand, soutenus par leurs homologues italien et espagnol, la Commission européenne avait dévoilé le 21 mars 2018 un projet de taxe sur les services numériques (TSN) qui définissait justement ces critères pour parvenir à un impôt plus juste.

L'idée était de taxer à hauteur de **3 %**, dans tous les États membres de l'UE, **le chiffre d'affaires** (et non pas les seuls bénéfices comme dans le système classique) **généré par certaines activités numériques** : la vente de données personnelles, celle d'espaces publicitaires en ligne ciblant les utilisateurs selon les données qu'ils ont fournies, ainsi que les services qui permettent les interactions et qui facilitent le commerce de biens et de services entre les utilisateurs. En partant du principe que ce sont **les utilisateurs qui créent la valeur de ces services**, cette taxe aurait donc été due dans chaque État membre, en proportion de l'utilisation des services numériques qui y sont offerts.

Cette taxe devait frapper les très grandes entreprises de l'économie numérique (et donc les plus susceptibles de se livrer à une planification fiscale agressive), qui réalisent un **chiffre d'affaires mondial annuel supérieur à 750 millions d'euros, dont 50 millions imposables dans l'UE. Soit 120 à 150 entreprises** seulement (des géants de la tech, avant tout américains, mais aussi asiatiques et européens principalement). Et ce pour des recettes fiscales conséquentes : 5 milliards d'euros par an, dont 500 millions pour la France.

Mais les Vingt-Sept ne sont pas parvenus à un compromis. L'Allemagne aurait fait marche arrière par crainte de **représailles américaines sur les importation**s, notamment automobiles. Les pays nordiques préféraient une solution globale sous l'égide de l'OCDE, faute de quoi une telle taxe jouerait "contre les intérêts de l'Europe en compliquant la coopération internationale en matière de fiscalité". Mais surtout, les États membres qui accueillent les sièges de ces géants de la tech n'ont aucun intérêt à les taxer davantage. Ces pays, à l'instar de l'**Irlande**, où Facebook et Google sont implantés, ou du **Luxembourg**, où Amazon a son siège européen, fondent leur attractivité économique sur une fiscalité très avantageuse.

Pourquoi la France et d'autres pays européens ont-ils mis en place leur propre taxe sur les services numériques ?

Faute d'accord européen, la France a adopté, le 11 juillet 2019, sa propre taxe sur les services numériques. Celle-ci se base - comme la proposition européenne initiale - sur l'idée que l'activité de l'utilisateur crée la valeur pour l'entreprise.

La taxe française s'applique à **deux types de services numériques**. Les interfaces numériques (ou services d'intermédiation) d'une part, qui permettent à un utilisateur localisé en France **d'entrer en contact** avec d'autres utilisateurs en vue de la livraison de biens ou de la fourniture de services. La vente de **services publicitaires ciblés** par une plateforme d'autre part, qui s'appuie sur les données récoltées lorsque des utilisateurs la visitent.

Les entreprises concernées sont celles dont le chiffre d'affaires annuel obtenu pour ces services **est supérieur à 750 millions d'euros à l'échelle mondiale et 25 millions d'euros à l'échelle de la France**. Le montant de la taxe est calculé en appliquant un **taux de 3 %** sur ce chiffre d'affaires réalisé en France.

Le projet a fait l'objet d'un rare consensus au sein de la classe politique française, bien qu'il ne s'agisse pour certains que d'un petit pas dans la lutte contre l'évasion fiscale. La taxe a rapporté 350 millions d'euros aux caisses de l'État en 2019.

Cette loi a profondément contrarié les États-Unis, dont sont issus nombre des géants du secteur. Fin 2019, l'administration Trump avait menacé de surtaxer jusqu'à 100 % un certain nombre de produits français comme le champagne ou le fromage. Avant qu'une trêve ne soit conclue en janvier 2020, la France s'engageant à geler sa taxe afin de laisser les négociations internationales sur le projet d'impôt mondial se dérouler. Mais suite à l'échec des discussions, Bercy avait fait savoir en octobre que la taxe allait bien être perçue à partir de décembre 2020.

D'autres pays européens comme le **Royaume-Uni**, l'**Espagne**, l'**Italie** ou encore la **République tchèque** et l'**Autriche**, ont mis en place leur propre taxe sur les géants du numérique.

Pourquoi le Covid-19 a-t-il relancé le projet européen… avant de l'enterrer ?

La question d'une taxe européenne sur les géants du numérique est revenue sur le devant de la scène avec la crise du Covid-19. Les Vingt-Sept s'étant accordés le 21 juillet 2020 sur un plan de relance pour financer la relance économique, ils ont également prévu de nouveaux instruments pour rembourser les 390 milliards d'euros de subventions prévus dans ce cadre.

Le projet consistait à mettre en place de nouvelles ressources propres, en l'occurrence des taxes au niveau européen. Parmi elles, les dirigeants européens citaient ***« une redevance numérique »***, qui devait être élaborée par la Commission en 2021 pour être mise en place « au plus tard le 1er janvier 2023 ».

Une option qui a depuis évolué. Au printemps 2021, le président américain nouvellement élu Joe Biden a relancé les négociations sur le projet d'impôt mondial sur les multinationales, en cours depuis 2010 au sein de l'OCDE mais bloqué par l'administration précédente. Cette réforme s'annonçant plus ambitieuse que la taxation des seuls géants du numérique (avant tout américains), les États-Unis ont poussé l'Union européenne à suspendre son projet de taxe Gafa le 12 juillet 2021. Le 21 octobre, les pays européens qui ont lancé leur propre taxe, dont la France, se sont engagés à la retirer une fois que l'impôt mondial serait mis en place.

Deux des recettes initialement prévues (issues du marché du carbone étendu et du mécanisme d'ajustement carbone) figurent bien dans le projet de nouvelles ressources présenté le 22 décembre 2021 par la Commission européenne. Ce n'est pas le cas en revanche de la redevance numérique. À sa place, l'exécutif européen propose de réserver pour le budget de l'UE une part des financements récoltés grâce à l'impôt mondial et reversés d'abord aux États membres. Une option qui doit désormais être discutée par ces derniers, au sein du Conseil de l'Union européenne.

Le projet d'impôt mondial sur les multinationales

L'évasion fiscale des grandes entreprises du numérique ne préoccupe pas que les Européens. L'Organisation de coopération et de développement économiques (OCDE) mène plusieurs batailles contre l'érosion de la base fiscale des États (projet BEPS) depuis le début des années 2010. Sous son égide et celle du G20, 137 États ont signé un accord visant à mettre en place l'impôt mondial sur les multinationales à partir de 2023.

Celui-ci contient deux piliers. Le premier doit permettre un meilleur partage de l'impôt des 100 multinationales les plus rentables, non plus en fonction de leur seule présence physique dans un pays mais des activités - et des bénéfices - qu'elles y réalisent. Sont visés non seulement les géants du numérique mais aussi les grandes entreprises d'autres secteurs. Le second oblige les sociétés des États signataires à payer un impôt minimal de 15 % quelle que soit la localisation de leurs filiales.

https://www.touteleurope.eu/actualite/qu-est-ce-que-la-taxe-gafa.html

Lien avec P7

1. **Définir la taxe GAFA.**
2. **Pourquoi cette taxe avait-elle été créée ?**
3. **Retracer l'historique de la taxe Gafa.**
4. **Suivez l'actualité fiscale pour suivre l'imposition des géants du numérique.**

POUR ALLER PLUS LOIN

CARACTÉRISER UN SYSTÈME D'INFORMATION

Liaison entre les **Processus 3 – Gestion des obligations fiscales Première année** et **Processus 7 – Finalisation de l'information et système d'information comptable**

Relier avec la découverte du système d'information

Extrait | Fiche ressources du Processus 7 – Chapitre 1, ©FontainePicard

Le Système d'Information (SI) et son rôle dans l'organisation

Le système d'information d'une organisation est l'ensemble des ressources qui permettent à cette organisation de **collecter**, **stocker**, **traiter** et **distribuer l'information** qu'elle utilise.

DÉFINITIONS

- **La collecte d'information** consiste à recueillir des données en vue de les utiliser. Les réseaux sociaux, les objets connectés, mais aussi l'ouverture du courrier, la veille informationnelle sont des façons de collecter de l'information.
- **Le stockage de l'information** consiste à enregistrer l'information collectée, le plus souvent dans une base de données, afin de pouvoir la retrouver ultérieurement. L'enregistrement d'une facture, d'un paiement, d'un courriel... sont des formes de stockage d'information.
- **Le traitement de l'information** consiste à utiliser l'information dont on dispose pour créer une information nouvelle ou dans un état nouveau. Par exemple, calculer le montant moyen des factures des clients est un traitement d'information. Traduire un texte français en anglais en est un autre.
- **La distribution de l'information** consiste à envoyer aux destinataires choisis les données leur permettant de comprendre l'information souhaitée. L'envoi d'un courriel est un exemple de distribution d'information.

L'information qui circule ainsi dans l'entreprise permet à ses acteurs de prendre des **décisions**, et participe à la **différenciation**, à l'**intégration** et à la **culture** de l'entreprise (cf. Cours de CEJM).

Ces ressources de l'entreprise pour collecter, stocker, traiter et diffuser l'information se décomposent par ailleurs en trois composantes du système d'information : **la composante technique, la composante organisationnelle et la composante humaine.**

Le système d'information comptable et de gestion (SIC) est le système d'information de l'entreprise, limité à son information comptable et de gestion.

Voir la suite dans l'ouvrage FontainePicard ou vous référer à l'ouvrage choisi par votre enseignant.

Lien avec P3

Dans la collection FontainePicard, vous pouvez réaliser l'application 2 du chapitre 1 du Processus 7.

POUR ALLER PLUS LOIN

RÉALISER UNE VEILLE INFORMATIONNELLE

Relier avec les compétences décrites dans le Processus 7 sur la veille informationnelle

Extrait	Fiche ressources du Processus 7 – Chapitre 5, ©FontainePicard

Veille

Dans la norme AFNOR XP X50-053 d'Avril 1998 relative aux prestations de veille et aux prestations de mise en place d'un système de veille (annulée le 17/06/2020), la veille est définie comme : **« une activité continue en grande partie itérative visant à une surveillance active de l'environnement [...] pour en anticiper les évolutions. »**

La veille informationnelle, juridique, économique... ne consiste donc pas à chercher une réponse à une ou plusieurs questions ponctuellement. Elle suppose, dans une organisation, **un processus répétitif de constitution d'une base informationnelle de qualité** par anticipation (ciblée, utile, utilisable et à disposition en temps utile).

Pourquoi « veiller » ?

C'est la qualité de l'information qui conditionne la qualité de la décision. La veille, eu égard à l'accroissement des volumes d'informations, consiste donc à automatiser le **processus de collecte de traitement et de diffusion de l'information par anticipation** (provenant de l'environnement) quelle que soit sa nature : réglementaire, économique, technologique...

- Pour anticiper sur les évolutions à venir, repérer les « signaux faibles » : information rare, discrète, noyée sous le flot du déluge informationnel, et qui va pourtant apporter une véritable « information ».
- Pour surveiller son environnement : détecter les menaces, les opportunités, les tendances...
- Pour surveiller sa « e-réputation » : un enjeu pour les organisations, les collectivités..., mais aussi pour les individus. Deux nouveaux types de veilles, très liées, ont émergé avec le web social : la veille d'image, de notoriété et la veille sur les personnes réseau professionnels) [...]. (Veille Magazine, mars-avril 2011, p. 23.)

Voir la suite dans l'ouvrage FontainePicard ou vous référer à l'ouvrage choisi par votre enseignant.

Lien avec P3

Dans la collection FontainePicard, vous pouvez réaliser l'application 3 du chapitre 5 du Processus 7.

Compétences mises en œuvre

Compétences mises en œuvre directement dans les applications de votre ouvrage Processus 3

- ➡ **Travaux sur tableur**
- ➡ **Extractions PGI ou écritures comptables**
- ➡ **Télé-déclarations**
- ➡ **Téléchargement de ressources fiscales**

La TVA, mécanismes d'un impôt indirect

CHAPITRE 2

- 3.2.1 Préparation de la déclaration de TVA
- 3.2.2 Établissement, contrôle et transmission de la déclaration de TVA

Compétence

- Comprendre le rôle des entreprises dans la collecte de la Taxe sur la Valeur Ajoutée.

Notions clés

- TVA collectée
- TVA déductible
- TVA à décaisser

PLAN

Activités

À l'aide des **fiches ressources**, réalisez les différentes activités proposées.

1. Découvrir les mécanismes de la TVA
2. (re)Trouver la TVA dans les documents de synthèse — Lien avec P1
3. Calculer la TVA à reverser
4. Découvrir une déclaration de TVA

Fiche ressources

1. Rôle des entreprises dans la collecte de TVA
2. Déclaration de TVA

Révision

1. À retenir
2. Testez-vous

Entraînements

Activité 1

Découvrir les mécanismes de la TVA

1 Complétez le schéma suivant :

ENTREPRISE X
PRODUCTEUR

ventes
1 000,00
HT

TTC
1 200,00

ENTREPRISE Y
GROSSISTE

achats
1 000,00
HT

TTC
1 200,00

ventes
1 500,00

TTC
1 800,00

ENTREPRISE Z
DÉTAILLANT

achats
1 500,00
HT

TTC
1 800,00

ventes
3 000,00

TTC
3 600,00

CONSOMMATEUR FINAL
CONSOMMATEUR FINAL

achats
3 000,00
HT

TTC
3 600,00

TVA COLLECTÉE
sur ventes

TVA COLLECTÉE
sur ventes

TVA COLLECTÉE
sur ventes

3 600 = 3 000 x 1,2
3 000 = 3 600/1,2

TVA DÉDUCTIBLE
sur achats

TVA DÉDUCTIBLE
sur achats

TVA À REVERSER À L'ÉTAT
TVA COLLECTÉE-TVA DÉDUCTIBLE

TVA À REVERSER À L'ÉTAT
TVA COLLECTÉE-TVA DÉDUCTIBLE

TVA À REVERSER À L'ÉTAT
TVA COLLECTÉE-TVA DÉDUCTIBLE

TVA payée par le
consommateur final

Activité 2

(re)Trouver la TVA dans les documents de synthèse

Lien avec P1

2 Indiquer par des flèches où vont se retrouver les montants présents sur la facture dans les documents de synthèse.

Identification du vendeur Nom : entreprise Y			
	Client Nom : détaillant		
Facture N° 00001 Date : XX/XX/XX			
Désignation	**Quantité**	**Prix Unitaire HT**	**Total HT**
Marchandises A	2,00	200,00 €	400,00 €
Marchandises B	2,00	300,00 €	600,00 €
Marchandises C	5,00	100,00 €	500,00
		TOTAL HT	**1 500,00 €**
		Montant de TVA 20 %	**300,00 €**
		TOTAL TTC	**1 800,00 €**

Journal	Date	Numéro de compte		Libellé de l'écriture	Débit	Crédit
		Général	Tiers			
ACH	….	607000		facture ….	1500,00	
		445660			300,00	
		401000	ENTY			1800,00

Chez le client

CHARGES	PRODUITS
Charges d'exploitation	Produits d'exploitation

ACTIF	PASSIF
ACTIF CIRCULANT	Dettes

Journal	Date	Numéro de compte		Libellé de l'écriture	Débit	Crédit
VT	….	411000	DETA	facture ….	1800,00	
		707000				1500,00
		445710				300,00

Chez le fournisseur

CHARGES	PRODUITS
Charges d'exploitation	Produits d'exploitation

ACTIF	PASSIF
ACTIF CIRCULANT	Dettes

Activité 3 — Calculer la TVA à reverser

3 **À partir des informations ci-dessous, calculez la TVA à reverser par le magasin de prêt-à-porter « SYLVIA » pour le mois de septembre :**

- **CA HT (montant des ventes) = 37 565 €**
- **Achats de marchandises HT = 18 975 €**
- **Acquisition d'un fauteuil pour la boutique = 230 € HT**
- **Loyer HT de la boutique : 650 €**
- **Services divers HT (énergie, Internet...) payés en septembre : 925 €**

Toutes les opérations sont soumises à la TVA au taux normal (20 %).

Activité 4 — Découvrir une déclaration de TVA

Un collaborateur du cabinet comptable où vous travaillez vous a remis le dossier de la SARL « BRICO », entreprise lyonnaise spécialisée dans le négoce d'articles de bricolage. Cette SARL, soumise au régime du réel normal en matière de TVA, doit déposer des déclarations mensuelles. Tous les articles sont imposés à un taux de TVA de 20 %. Cette entreprise, qui arrête ses comptes le 31/12 de chaque année, utilise le logiciel SAGE Comptabilité et ne confie au cabinet que le contrôle de ses déclarations fiscales.

4 **Il vous est demandé de vérifier la déclaration de TVA (annexe 2) du mois de septembre générée automatiquement par le logiciel de comptabilité. Vous disposez des informations communiquées par le client et un tableau récapitulatif des charges et des ventes de septembre (annexe 1). Tout est imposé au taux normal de 20 %.**

Annexe 1 Opérations de septembre SARL « Brico »

607000	Achats de marchandises	93 745,00	
606100	Fournitures non stockables	1 356,00	
613000	Locations	859,00	
624000	Transport	2 348,00	
626000	Frais postaux et de télécommunications	512,00	
707000	Ventes de marchandises		108 750,00

Annexe 2 Déclaration de TVA CA3 septembre générée automatiquement par le logiciel SAGE

A MONTANT DES OPÉRATIONS RÉALISÉES

	OPÉRATIONS TAXÉES (HT.)				OPÉRATIONS NON TAXÉES		
A1	Ventes, prestations de services	0979	108 750	E1	Exportations hors UE	0032	…………………
A2	Autres opérations imposables	0981	…………………	E2	Autres opérations non imposables	0033	…………………
A3	Achats de prestations de services intracommunautaires (article 283-2 du code général des impôts)	0044	…………………	E3	Ventes à distance taxables dans un autre État membre au profit des personnes non assujetties	0047	…………………
A4	Importations (autres que les produits pétroliers)	0056	…………………	E4	Importations (autres que les produits pétroliers)	0052	…………………
A5	Sorties de régime fiscal suspensif (autres que les produits pétroliers)	0051	…………………	E5	Sorties de régime fiscal suspensif (autres que les produits pétroliers)	0053	…………………
B1	Mises à la consommation de produits pétroliers	0048	…………………	E6	Importations placées sous régime fiscal suspensif (autres que les produits pétroliers)	0054	…………………
B2	Acquisitions intracommunautaires	0031	…………………	F1	Acquisitions intracommunautaires	0055	…………………
B3	Livraisons d'électricité, de gaz naturel, de chaleur ou de froid imposables en France	0030	…………………	F2	Livraisons intracommunautaires à destination d'une personne assujettie	0034	…………………
B4	Achats de biens ou de prestations de services réalisés auprès d'un assujetti non établi en France (article 283-1 du code général des impôts)	0040	…………………	F3	Livraisons d'électricité, de gaz naturel, de chaleur ou de froid non imposables en France	0029	…………………
B5	Régularisations (important : cf. notice)	0036	…………………	F4	Mises à la consommation de produits pétroliers	0049	…………………
				F5	Importations de produits pétroliers placées sous régime fiscal suspensif	0050	…………………
				F6	Achats en franchise	0037	…………………
				F7	Ventes de biens ou prestations de services réalisées par un assujetti non établi en France (article 283-1 du code général des impôts)	0043	…………………
				F8	Régularisations (important : cf. notice)	0039	…………………

B DÉCOMPTE DE LA TVA À PAYER

	TVA BRUTE		Base hors taxe	Taxe due
	Opérations réalisées en France métropolitaine			
08	Taux normal 20 %	0207	108 750	21 750
09	Taux réduit 5,5 %	0105	…………………	…………………
9B	Taux réduit 10 %	0151	…………………	…………………
	Opérations réalisées dans les DOM			
10	Taux normal 8,5 %	0201	…………………	…………………
11	Taux réduit 2,1 %	0100	…………………	…………………
	Opérations imposables à un autre taux (France métropolitaine ou DOM)			
13	Anciens taux	0900	…………………	…………………
14	Opérations imposables à un taux particulier (décompte effectué sur annexe 3310 A)	0950	…………………	…………………
	Produits pétroliers			
P1	Taux normal 20 %	0208	…………………	…………………
P2	Taux réduit 13 %	0152	…………………	…………………
	Importations			
I1	Taux normal 20 %	0210	…………………	…………………
I2	Taux réduit 10 %	0211	…………………	…………………
I3	Taux réduit 8,5 %	0212	…………………	…………………
I4	Taux réduit 5,5 %	0213	…………………	…………………
I5	Taux réduit 2,1 %	0214	…………………	…………………
I6	Taux réduit 1,05 %	0215	…………………	…………………

15	TVA antérieurement déduite à reverser (dont TVA sur les produits pétroliers …………………) (dont TVA sur les produits importés hors produits pétroliers …………………)	0600	…………………
5B	Sommes à ajouter, y compris acompte congés (exprimées en euro)	0602	…………………
16	**Total de la TVA brute due (lignes 08 à 5B)**		21 750
17	**Dont TVA sur acquisitions intracommunautaires**	0035	…………………
18	**Dont TVA sur opérations à destination de Monaco**	0038	…………………

La ligne 11 ne concerne que les DOM.
Les autres opérations relevant du taux de 2,1 % sont déclarées sur l'annexe 3310 A-SD.

TVA DÉDUCTIBLE

19	Biens constituant des immobilisations	0703	....
20	Autres biens et services	0702	19 764
21	Autre TVA à déduire (dont régularisation de : - TVA sur les produits pétroliers : - TVA sur les produits importés hors produits pétroliers : - TVA collectée sur autres produits ou PS [cf. notice] ou déductible :)	0059	....
22	Report du crédit apparaissant ligne 27 de la précédente déclaration	8001	....
2C	Sommes à imputer, y compris acompte congés (exprimées en euro)	0603	....

22A	Indiquer le coefficient de taxation unique applicable pour la période s'il est différent de 100	%		
23	**Total TVA déductible (ligne 19 à 2C)**			19 764
24	Dont TVA déductible sur importations hors produits pétroliers		0710	....
2E	Dont TVA déductible sur les produits pétroliers		0711	....

CRÉDIT

25	Crédit de TVA (ligne 23 – ligne 16)	0705	....
26	Remboursement de crédit demandé sur formulaire n° 3519 joint	8002	....
AA	Crédit de TVA transféré à la société tête de groupe sur la déclaration récapitulative 3310-CA3G	8005	....
27	Crédit à reporter (ligne 25 – ligne 26 – ligne AA) (Cette somme est à reporter ligne 22 de la prochaine déclaration)	8003	....

Attention ! Une situation de TVA créditrice (ligne 25 servie) ne dispense pas du paiement des taxes assimilées déclarées ligne 29.

TAXE À PAYER

28	**TVA nette due (ligne 16 – ligne 23).**		1 986
29	Taxes assimilées calculées sur annexe n° 3310 A-SD	9979	....
AB	Total à payer acquitté par la société tête de groupe sur la déclaration récapitulative 3310-CA3G (lignes 28 + 29)	9991	....
32	**Total à payer (lignes 28 + 29 – AB)** (N'oubliez pas de joindre le règlement correspondant)		1 986

DONNÉES DE LA SITUATION

ANNEXE 1 Facture de doit (extrait) Client La Petite Marquise

SARL
Les Petites Gourmandises
Quai Albert Braille
37270 Montlouis-sur-Loire

DOIT :
La Petite Marquise

Facture n° 2354
Règlement le 30/09/N

Le 15 septembre N

Désignation	Qté	Prix unitaire	Montant
Boîtes nougats	100	20,00	2 000,00
		Total brut	2 000,00
		Remise 10 %	200,00
		Net commercial	1 800,00
		Escompte 2 %	36,00
		Net financier	1 764,00
		TVA 5,5 %	97,02
		Net à payer	**1 861,02**

ANNEXE 2 Facture d'avoir Client La Petite Marquise

SARL
Les Petites Gourmandises
Quai Albert Braille
37270 Montlouis-sur-Loire

AVOIR :
La Petite Marquise

Facture n° A112

Le 20 septembre N

Désignation	Qté	Prix unitaire	Montant
Boîtes nougats	20	20,00	400,00
		Remise 10 %	40,00
		Net commercial boîtes retournées	**360,00**
		Rabais 5 % pour retard sur boîtes restantes	**72,00**
		Escompte 2 %	8,64
		Net financier	423,36
		TVA 5,5 %	23,28
		Net à payer	**446,64**

ANNEXE 3 Règlement du client La Petite Marquise

ANNEXE 4 Facture de doit au client Sablé d'Or (extrait)

SARL Les Petites Gourmandises

DOIT : Le Sablé d'Or
Le 2 octobre N

Facture n° 2381
Règlement 30 jours fin de mois

Désignation	Quantité	Prix unitaire	Montant
Calissons	100	15,00	1 500,00
		Total brut	1 500,00
		Remise 10 %	150,00
		Net commercial	1 350,00
		TVA 5,5 %	74,25
		Net à payer	**1 424,25**

2 % d'escompte si paiement dans les 15 jours

ANNEXE 5 Facturation des cours de pâtisserie au client Nougatine (extrait)

SARL Les Petites Gourmandises
Quai Albert Braille
37270 Montlouis-sur-Loire

DOIT : Monsieur NOUGATINE
Le 12 octobre N

Facture n° 1295
Règlement le 12 octobre N par caisse

Désignation	Quantité	Prix unitaire	Montant
Cours de pâtisserie : les nougats	4 heures	30,00	120,00
Paiement de la TVA sur les débits		Total brut	120,00
		TVA 20 %	24,00
		– Acompte versé par caisse le 05/10/N	– 60,00
		Net à payer	**84,00**

ANNEXE 6 Facture de doit au client Rose des vents

SARL Les Petites Gourmandises

DOIT : Rose des vents
Le 28 novembre N

Facture n° 2422
Règlement au 15 décembre N

Désignation	Quantité	Prix unitaire	Montant
Boîtes de sucres d'orge	600	12,00	7 200,00
		Total brut	7 200,00
		Remise 10 %	720,00
		Net commercial	6 480,00
		Port forfaitaire	20,00
		Emballages consignés : 5 palettes à 10 €	50,00
		TVA 5,5 %	357,50
		Net à payer	**6 907,50**

ANNEXE 7 Facture de vente au client américain Mac Cake (extrait)

Information du directeur commercial :
Mac Cake est un nouveau client qui offre de belles perspectives de commandes dans l'avenir. Nous souhaitons faire notre maximum pour lui être agréable.

SARL Les Petites Gourmandises
Quai Albert Braille
37270 Montlouis-sur-Loire

DOIT : MAC CAKE
Le 15 octobre N

Facture n° 2372
Règlement le 15 novembre N

Désignation	Quantité	Prix unitaire en dollars (USD)	Montant
Boîtes de calissons	500 boîtes	13,00	6 500,00
		Total brut	6 500,00
		Remise 10 %	650,00
		Net commercial	5 850,00
		Port forfaitaire	165,00
		Net à payer (en USD)	**6 015,00**

Le 15 octobre
1 € = 1,110 USD

Le 15 novembre
1 € = 1,113 USD

1 RÔLE DES ENTREPRISES DANS LA COLLECTE DE LA TVA

Le rôle et les obligations des entreprises concernant la TVA

La particularité de la TVA est qu'elle est collectée non pas par l'État directement, mais par les entreprises qui vendent des biens ou des services. En effet, il revient aux entreprises de connaître les règles d'application des différents **taux de TVA** (en France, il y en a quatre et leurs règles d'application sont pour le moins complexes ; mais nous les récapitulons dans une fiche pratique dédiée*) et de la facturer en conséquence à ses clients.

Une fois que la TVA a été encaissée par l'entreprise, celle-ci a l'obligation de procéder mensuellement à une **déclaration de TVA** auprès de l'administration fiscale. Au cours de cette déclaration, chaque entreprise fait le point sur les montants de TVA encaissés et dépensés. En effet, c'est la contrepartie de ce rôle de collecteur, **les entreprises françaises « récupèrent » la TVA**. Cela signifie qu'elles déduisent des montants de TVA encaissés les montants de TVA dépensés pour les achats nécessaires à leur fonctionnement. Il résulte de cette opération un solde, généralement positif, mais qui peut être négatif.

- **Quand le solde est positif**, cela signifie que l'entreprise a collecté plus de TVA qu'elle n'en a dépensée ; elle doit donc reverser à l'État ce solde ;
- **Quand le solde est négatif**, c'est que l'entreprise a dépensé plus de TVA qu'elle n'en a collectée ; elle peut donc soit utiliser ce « crédit de TVA » pour réduire une prochaine déclaration de TVA, soit elle peut en demander le remboursement.

TVA à décaisser = TVA COLLECTÉE - TVA DÉDUCTIBLE

* Voir tableau des taux de TVA, chapitre 5, fiche ressources 1.

Source : *http://www.petite-entreprise.net/P-2537-136-G1-la-tva-generalites.html*

2 DÉCLARATION DE TVA

Ventes HT qui donnent lieu à collecte de TVA

A MONTANT DES OPÉRATIONS RÉALISÉES

	OPÉRATIONS TAXÉES (HT.)				OPÉRATIONS NON TAXÉES		
A1	Ventes, prestations de services	0979	108 750	E1	Exportations hors UE	0032	
A2	Autres opérations imposables	0981		E2	Autres opérations non imposables	0033	
A3	Achats de prestations de services intracommunautaires (article 283-2 du code général des impôts)	0044		E3	Ventes à distance taxables dans un autre État membre au profit des personnes non assujetties	0047	
A4	Importations (autres que les produits pétroliers)	0056		E4	Importations (autres que les produits pétroliers)	0052	
A5	Sorties de régime fiscal suspensif (autres que les produits pétroliers)	0051		E5	Sorties de régime fiscal suspensif (autres que les produits pétroliers)	0053	
B1	Mises à la consommation de produits pétroliers	0048		E6	Importations placées sous régime fiscal suspensif (autres que les produits pétroliers)	0054	
B2	Acquisitions intracommunautaires	0031		F1	Acquisitions intracommunautaires	0055	
B3	Livraisons d'électricité, de gaz naturel, de chaleur ou de froid imposables en France	0030		F2	Livraisons intracommunautaires à destination d'une personne assujettie	0034	
B4	Achats de biens ou de prestations de services réalisés auprès d'un assujetti non établi en France (article 283-1 du code général des impôts)	0040		F3	Livraisons d'électricité, de gaz naturel, de chaleur ou de froid non imposables en France	0029	
B5	Régularisations (important : cf. notice)	0036		F4	Mises à la consommation de produits pétroliers	0049	
				F5	Importations de produits pétroliers placées sous régime fiscal suspensif	0050	
				F6	Achats en franchise	0037	
				F7	Ventes de biens ou prestations de services réalisées par un assujetti non établi en France (article 283-1 du code général des impôts)	0043	
				F8	Régularisations (important : cf. notice)	0039	

B DÉCOMPTE DE LA TVA À PAYER

Calcul de la TVA COLLECTÉE selon les taux

	TVA BRUTE		Base hors taxe	Taxe due
	Opérations réalisées en France métropolitaine			
08	Taux normal 20 %	0207	108 750	21 750
09	Taux réduit 5,5 %	0105		
9B	Taux réduit 10 %	0151		
	Opérations réalisées dans les DOM			
10	Taux normal 8,5 %	0201		
11	Taux réduit 2,1 %	0100		
	Opérations imposables à un autre taux (France métropolitaine ou DOM)			
13	Anciens taux	0900		
14	Opérations imposables à un taux particulier (décompte effectué sur annexe 3310 A)	0950		
	Produits pétroliers			
P1	Taux normal 20 %	0208		
P2	Taux réduit 13 %	0152		
	Importations			
I1	Taux normal 20 %	0210		
I2	Taux réduit 10 %	0211		
I3	Taux réduit 8,5 %	0212		
I4	Taux réduit 5,5 %	0213		
I5	Taux réduit 2,1 %	0214		
I6	Taux réduit 1,05 %	0215		
15	TVA antérieurement déduite à reverser (dont TVA sur les produits pétroliers ....) (dont TVA sur les produits importés hors produits pétroliers ....)	0600		
5B	Sommes à ajouter, y compris acompte congés (exprimées en euro)	0602		
16	**Total de la TVA brute due (lignes 08 à 5B)**			21 750
17	**Dont TVA sur acquisitions intracommunautaires**	0035		
18	**Dont TVA sur opérations à destination de Monaco**	0038		

La ligne 11 ne concerne que les DOM.
Les autres opérations relevant du taux de 2,1 % sont déclarées sur l'annexe 3310 A-SD.

TOTAL TVA collectée

FICHES RESSOURCES

TVA DÉDUCTIBLE

19	Biens constituant des immobilisations	0703	....
20	Autres biens et services	0702	19 764
21	Autre TVA à déduire (dont régularisation de : - TVA sur les produits pétroliers : - TVA sur les produits importés hors produits pétroliers : - TVA collectée sur autres produits ou PS [cf. notice] ou déductible :)	0059	....
22	Report du crédit apparaissant ligne 27 de la précédente déclaration	8001	....
2C	Sommes à imputer, y compris acompte congés (exprimées en euro)	0603	....

Calcul de la TVA DÉDUCTIBLE (distinction Immo et ABS)

22A	Indiquer le coefficient de taxation unique applicable pour la période s'il est différent de 100 .... %	23	**Total TVA déductible (ligne 19 à 2C)**		19 764
		24	Dont TVA déductible sur importations hors produits pétroliers	0710	....
		2E	Dont TVA déductible sur les produits pétroliers	0711	....

TOTAL TVA déductible

CRÉDIT				TAXE À PAYER			
25	Crédit de TVA (ligne 23 – ligne 16)	0705	....	28	**TVA nette due (ligne 16 – ligne 23).**		1 986
26	R... n...	8002	....	29	Taxes assimilées calculées sur annexe n° 3310 A-SD	9979	....
AA	C... la...	8005	....	AB	Total à payer acquitté par la société tête de groupe sur la déclaration récapitulative 3310-CA3G (lignes 28 + 29)	9991	....
27	Crédit à reporter (ligne 25 – ligne 26 – ligne AA) (Cette somme est à reporter ligne 22 de la prochaine déclaration)	8003	....	32	**Total à payer (lignes 28 + 29 – AB)** (N'oubliez pas de joindre le règlement correspondant)		1 986

Attention ! Une situation de TVA créditrice (ligne 25 servie) ne dispense pas du paiement des taxes assimilées déclarées ligne 29.

Si TVA déductible > TVA collectée
CRÉDIT de TVA

TVA à payer = TVA collectée – TVA déductible

Si TVA collectée > TVA déductible
TVA à PAYER

Remarque : le groupe TVA n'étant pas étudié en BTS, les lignes correspondantes ne sont pas présentes volontairement sur les déclarations de cette pochette. Il en va de même pour les régularisations de Taxes Intérieures de Consommation (TIC) qui figurent désormais sur les déclarations de TVA.

FICHES RESSOURCES

À RETENIR

La TVA est un impôt indirect subi par le consommateur final, elle est neutre pour les entreprises.

C'est l'entreprise qui est redevable de cette taxe. En effet, l'entreprise collecte la TVA sur ses ventes, elle encaisse le TTC mais doit reverser la TVA à l'État. Elle paie aussi la TVA quand elle achète à ses fournisseurs, elle paie le TTC mais l'État va lui rembourser cette TVA payée. L'entreprise doit donc reverser à l'État le montant suivant :

TVA à reverser à l'État =
TVA COLLECTÉE sur les ventes – TVA DÉDUCTIBLE sur les achats

Exemple (taux normal de TVA) :
Achats HT du mois = 40 000 €
Ventes HT du mois = 100 000 €

TVA à reverser = TVA COLLECTÉE – TVA DÉDUCTIBLE
= (100 000 x 20 %) – (40 000 x 20 %)
= 20 000 – 8 000 = 12 000 €

HT + TVA = TTC

HT = TTC/(1 + taux)	TTC = HT x (1 + taux)	TVA = HT x taux TVA
Exemple taux TVA 20 %		
100	= 100 x 1,2 = 120	= 100 x 0,2 = 20
Exemple taux TVA réduit 5,5 %		
= 100/1,055 = 94,79	100	= 94,79 x 0,055 = 5,21

TESTEZ-VOUS !

Ce questionnaire est également disponible en ligne.

https://eqrcode.co/a/U148YD

	VRAI	FAUX
1 La TVA est une charge pour l'entreprise.		
2 L'entreprise collecte la TVA sur ses ventes.		
3 L'entreprise reverse à l'État la différence entre la TVA déductible sur les achats et la TVA collectée sur les ventes.		
4 Si la TVA déductible est supérieure à la TVA collectée, il y a un montant de TVA à reverser à l'État.		
5 Si le taux de TVA est de 20 % : • Montant HT = 250 • Montant TTC = 250 x 20 %		
6 Si le taux de TVA est de 20 % : • Montant HT = 250 • Montant TTC = 250 x 1,20		
7 Si le taux de TVA est de 20 % : • Montant HT = 250 • Montant TVA = 250 x 20 %		

Entraînement 1 TRESFRAIS

On vous demande de calculer la TVA à reverser à l'État pour le mois de septembre de l'entreprise TRESFRAIS. Cette entreprise achète des fruits et légumes au marché de gros pour les revendre sur des marchés locaux.

Opérations de septembre	
Ventes HT de fruits et légumes :	4 256 €
Achats HT de fruits et légumes :	1 235 €
Achats HT de fournitures diverses :	45 €
Achats HT de carburant (gasoil pour la camionnette) :	85 €
Paiement par chèque honoraires expert-comptable :	150 € TTC
Paiement par chèque de l'assurance :	85 €
Informations diverses	
Les fruits et légumes sont imposés à 5,5 %.	
Les autres opérations sont imposées à 20 %.	
Les opérations d'assurance ne sont pas soumises à TVA.	

TVA collectée :

TVA déductible :

TVA à reverser :

Entraînement 2 CULTIVA

CourrielsMmeCultiva.docx

BI MÉDIA

Un collaborateur du Cabinet comptable où vous travaillez vous a remis le dossier de l'entreprise « CULTIVA », librairie spécialisée dans les livres pour enfants (taux 5,5 %) et depuis ce mois-ci seulement, septembre, aussi dans les articles de papeterie fantaisie (taux 20 %). Mme Cultiva tient elle-même ses journaux d'achats et de ventes qu'elle remet ensuite au cabinet avec les pièces comptables correspondantes pour contrôle et saisie. Mme Cultiva qui n'a pas encore remis au cabinet les journaux et les pièces comptables de septembre, a fait parvenir au cabinet dans l'urgence les informations de l'annexe 1 afin de satisfaire l'échéancier fiscal en matière de TVA. En effet, l'entreprise CULTIVA soumise au régime du réel normal, doit établir des déclarations mensuelles de TVA.

1 **Il vous est demandé de compléter la déclaration de TVA (annexe 2) de septembre à l'aide des informations de l'annexe 1.**

Annexe 1 Informations de septembre communiquées par Madame Cultiva

SOLDE COMPTE 44566 TVA DÉDUCTIBLE	860,00
SOLDE COMPTE 44571 TVA COLLECTÉE	1 580,00
SOLDE COMPTE 44562	
VENTES HT du mois	19 500,00
Achats de biens et services HT du mois	5 000,00

Remarque : tous les achats du mois ne sont pas soumis à la TVA.

Avez-vous tous les éléments nécessaires pour établir la déclaration CA3 ?

....

Sinon, quelles sont les données qu'il vous manque ?

....

....

2 **Le collaborateur vous a rappelé que vous deviez entrer en contact avec la cliente si jamais des informations devaient vous manquer. Par contre, comme il s'agit de votre premier courrier, il a demandé, exceptionnellement, à le lire pour le corriger éventuellement avant que vous ne l'envoyiez.**

Vous pourrez télécharger l'e-mail relu et corrigé par le collaborateur et la réponse de Mme Cultiva, (CourrielsMmeCultiva.docx).

https://eqrcode.co/a/a6XiM3

Annexe 2 Déclaration de TVA CA3 à compléter septembre

A MONTANT DES OPÉRATIONS RÉALISÉES

	OPÉRATIONS TAXÉES (HT.)				OPÉRATIONS NON TAXÉES		
A1	Ventes, prestations de services	0979	....	E1	Exportations hors UE	0032	....
A2	Autres opérations imposables	0981	....	E2	Autres opérations non imposables	0033	....
A3	Achats de prestations de services intracommunautaires (article 283-2 du code général des impôts)	0044	....	E3	Ventes à distance taxables dans un autre État membre au profit des personnes non assujetties	0047	....
A4	Importations (autres que les produits pétroliers)	0056	....	E4	Importations (autres que les produits pétroliers)	0052	....
A5	Sorties de régime fiscal suspensif (autres que les produits pétroliers)	0051	....	E5	Sorties de régime fiscal suspensif (autres que les produits pétroliers)	0053	....
B1	Mises à la consommation de produits pétroliers	0048	....	E6	Importations placées sous régime fiscal suspensif (autres que les produits pétroliers)	0054	....
B2	Acquisitions intracommunautaires	0031	....	F1	Acquisitions intracommunautaires	0055	....
B3	Livraisons d'électricité, de gaz naturel, de chaleur ou de froid imposables en France	0030	....	F2	Livraisons intracommunautaires à destination d'une personne assujettie	0034	....
B4	Achats de biens ou de prestations de services réalisés auprès d'un assujetti non établi en France (article 283-1 du code général des impôts)	0040	....	F3	Livraisons d'électricité, de gaz naturel, de chaleur ou de froid non imposables en France	0029	....
B5	Régularisations (important : cf. notice)	0036	....	F4	Mises à la consommation de produits pétroliers	0049	....
				F5	Importations de produits pétroliers placées sous régime fiscal suspensif	0050	....
				F6	Achats en franchise	0037	....
				F7	Ventes de biens ou prestations de services réalisées par un assujetti non établi en France (article 283-1 du code général des impôts)	0043	....
				F8	Régularisations (important : cf. notice)	0039	....

B DÉCOMPTE DE LA TVA À PAYER

	TVA BRUTE		Base hors taxe	Taxe due
	Opérations réalisées en France métropolitaine			
08	Taux normal 20 %	0207	....	....
09	Taux réduit 5,5 %	0105	....	....
9B	Taux réduit 10 %	0151	....	....
	Opérations réalisées dans les DOM			
10	Taux normal 8,5 %	0201	....	....
11	Taux réduit 2,1 %	0100	....	....
	Opérations imposables à un autre taux (France métropolitaine ou DOM)			
13	Anciens taux	0900	....	....
14	Opérations imposables à un taux particulier (décompte effectué sur annexe 3310 A)	0950	....	....
	Produits pétroliers			
P1	Taux normal 20 %	0208	....	....
P2	Taux réduit 13 %	0152	....	....
	Importations			
I1	Taux normal 20 %	0210	....	....
I2	Taux réduit 10 %	0211	....	....
I3	Taux réduit 8,5 %	0212	....	....
I4	Taux réduit 5,5 %	0213	....	....
I5	Taux réduit 2,1 %	0214	....	....
I6	Taux réduit 1,05 %	0215	....	....
15	TVA antérieurement déduite à reverser (dont TVA sur les produits pétroliers ....) (dont TVA sur les produits importés hors produits pétroliers ....)		0600	....
5B	Sommes à ajouter, y compris acompte congés (exprimées en euro)		0602	....
16	**Total de la TVA brute due (lignes 08 à 5B)**			....
17	**Dont TVA sur acquisitions intracommunautaires**		0035	....
18	**Dont TVA sur opérations à destination de Monaco**		0038	....

La ligne 11 ne concerne que les DOM.
Les autres opérations relevant du taux de 2,1 % sont déclarées sur l'annexe 3310 A-SD.

	TVA DÉDUCTIBLE		
19	Biens constituant des immobilisations	0703	....
20	Autres biens et services	0702	....
21	Autre TVA à déduire (dont régularisation de : - TVA sur les produits pétroliers : - TVA sur les produits importés hors produits pétroliers : - TVA collectée sur autres produits ou PS [cf. notice] ou déductible :)	0059	....
22	Report du crédit apparaissant ligne 27 de la précédente déclaration	8001	....
2C	Sommes à imputer, y compris acompte congés (exprimées en euro)	0603	....
22A	Indiquer le coefficient de taxation unique applicable pour la période s'il est différent de 100 ..... %		
23	**Total TVA déductible (ligne 19 à 2C)**		
24	Dont TVA déductible sur importations hors produits pétroliers	0710	....
2E	Dont TVA déductible sur les produits pétroliers	0711	....

	CRÉDIT		
25	Crédit de TVA (ligne 23 – ligne 16)	0705	....
26	Remboursement de crédit demandé sur formulaire n° 3519 joint	8002	....
AA	Crédit de TVA transféré à la société tête de groupe sur la déclaration récapitulative 3310-CA3G	8005	....
27	Crédit à reporter (ligne 25 – ligne 26 – ligne AA) (Cette somme est à reporter ligne 22 de la prochaine déclaration)	8003	....

Attention ! Une situation de TVA créditrice (ligne 25 servie) ne dispense pas du paiement des taxes assimilées déclarées ligne 29.

	TAXE À PAYER		
28	**TVA nette due (ligne 16 – ligne 23).**		....
29	Taxes assimilées calculées sur annexe n° 3310 A-SD	9979	....
AB	Total à payer acquitté par la société tête de groupe sur la déclaration récapitulative 3310-CA3G (lignes 28 + 29)	9991	....
32	**Total à payer (lignes 28 + 29 – AB)** (N'oubliez pas de joindre le règlement correspondant)		

CHAPITRE 3

TVA : régimes et options

- 3.1.1 Régime d'imposition des entreprises
- 3.1.2 Identification des obligations fiscales de l'organisation
- 3.2.4 Conseil en matière de régime et d'options de TVA

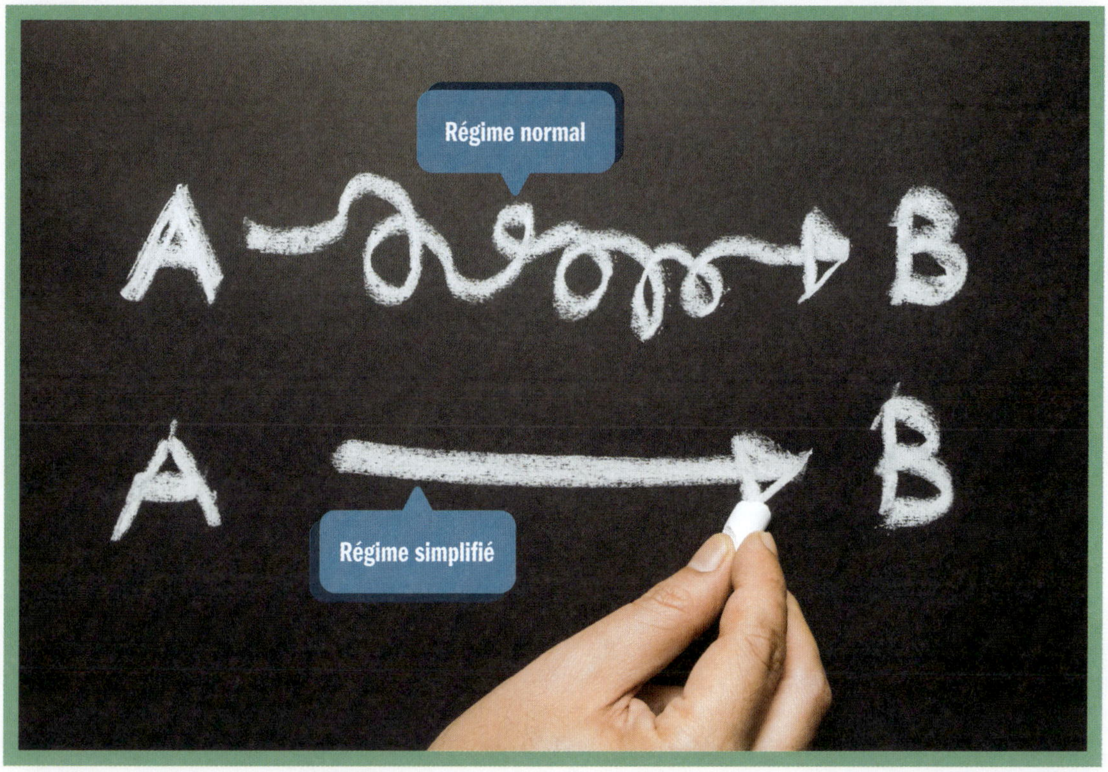

Compétence

- Découvrir les différents régimes d'imposition à la TVA.

Notions clés

- Franchise de TVA
- Régime réel simplifié
- Régime réel normal
- Options

PLAN

Activités

À l'aide des **fiches ressources**, réalisez les différentes activités proposées.

1. Identifier les différents régimes de TVA
2. Obligations fiscales des entreprises en matière de TVA

Fiche ressources

1. Régimes de TVA
2. Obligations fiscales en matière de TVA selon les régimes

Révision

1. À retenir
2. Testez-vous

Entraînements

Activité 1

Régimes de TVA

1 Complétez le tableau suivant :

ENTREPRISE	CA HT	RÉGIME DE TVA	OPTION(S) ÉVENTUELLE(S)
Entreprise individuelle « LEGUFRUIT » spécialisée dans le négoce de fruits et légumes	71 800 €		
SARL « MULTICOLOR » spécialisée dans la vente de peinture	3 399 000 €		
Entreprise individuelle « LEBONPAIN », boulangerie	623 880 €		
SAS « HERBLIFE », laboratoire pharmaceutique spécialisé dans le négoce de gélules bio	10 580 000 €		
Entreprise individuelle, « INFOSUR », spécialisée dans les réparations informatiques	28 500 €		
SARL « VENEZIA », pizzeria	702 000 €		

Activité 2

Obligations fiscales en matière de TVA selon les régimes

2 Complétez le tableau suivant :

Entreprise	CA HT	Obligations en matière de TVA
Entreprise individuelle « LEGUFRUIT » spécialisée dans le négoce de fruits et légumes	71 800 €	
SARL « MULTICOLOR » spécialisée dans la vente de peinture	3 399 000 €	
Entreprise individuelle « LEBONPAIN », boulangerie	623 880 €	

1 LES RÉGIMES DE TVA

Il existe **3** régimes de TVA **en fonction du CA et de l'activité de l'entreprise**.

Régime de TVA	Activités d'achat-reventes, ventes à consommer sur place et de fournitures de logement	Activités de prestations de services ou non commerciales
Franchise en base de TVA	Chiffre d'affaires < 91 900 €	Chiffre d'affaires inférieur à 36 800 €
Régime réel simplifié TVA	Chiffre d'affaires supérieur à 91 900 € et inférieur à 840 000 €	Chiffre d'affaires supérieur à 36 800 € et inférieur à 254 000 €
Régime réel normal TVA	Chiffre d'affaires supérieur à 840 000 €	Chiffre d'affaires supérieur à 254 000 €

Régime du Réel Normal : Ce régime concerne aussi les entreprises dont le CAHT est compris dans la limite des seuils du régime simplifié d'imposition mais qui déclarent plus de **15 000 €** de TVA par an.

2 LES OBLIGATIONS FISCALES DES ENTREPRISES EN FONCTION DES RÉGIMES DE TVA

A Régime Réel normal

Les entreprises soumises au régime réel normal doivent déclarer chaque mois la **TVA devenue exigible** au cours du mois précédent et l'acquitter en même temps directement en ligne **via leur compte fiscal** ou par l'intermédiaire d'un prestataire.

Si la TVA payée chaque année est inférieure à **4 000 €**, il est possible d'opter pour une déclaration et un versement trimestriels.

B Régime Réel simplifié

La déclaration simplifiée est effectuée sur une base annuelle, au plus tard le 2e jour ouvré suivant le 1er mai, au moyen de l'imprimé 3517-S - CA 12.

Si l'exercice ne correspond pas à l'année civile, la déclaration doit être effectuée dans les 3 mois suivant sa clôture.

La déclaration permet de récapituler l'ensemble des opérations imposables à la TVA de l'année précédente et de déterminer la base de calcul des acomptes de l'année suivante.

Depuis 2015, la TVA doit être payée par 2 acomptes semestriels, calculés à partir de la taxe due au titre de l'exercice précédent :
- 55 % en juillet ;
- de 40 % en décembre.

Si la base de calcul des acomptes est inférieure à **1 000 €**, il y a dispense du versement d'acomptes : la TVA est payée pour l'année entière lors de la déclaration annuelle.

C Franchise de TVA

Les entreprises qui relèvent de la franchise en base ne sont plus redevables de la TVA : elles n'ont donc aucune déclaration à déposer.

Sur chaque facture que les entreprises délivrent à leurs clients, elles :
- doivent inscrire la mention « TVA non applicable - article 293 B du CGI » ;
- ne doivent jamais faire apparaître un montant de TVA : toute TVA facturée leur serait réclamée.

En contrepartie de l'absence de déclaration, les entreprises ne peuvent pas déduire la TVA qu'elles paient sur les achats réalisés pour les besoins de leur activité.

Source : *https://www.service-public.fr/professionnels-entreprises/vosdroits/F23566*

À RETENIR

Il existe **3** régimes de **TVA** **en fonction du CA et de l'activité de l'entreprise**.

Régime de TVA	
Franchise en base de TVA	AUCUNE DÉCLARATION NI TVA COLLECTÉE NI TVA DÉDUCTIBLE
Régime réel simplifié TVA	UNE DÉCLARATION ANNUELLE TVA N déclarée en N+1 2 ACOMPTES PAYÉS en N
Régime réel normal TVA	DÉCLARATIONS MENSUELLES TVA du mois M. déclarée en M+1

Il est toujours possible pour une entreprise **d'opter pour le régime de TVA supérieur**.

TESTEZ-VOUS !

https://eqrcode.co/a/D3H9ZA

Ce questionnaire est également disponible en ligne.

		VRAI	FAUX
1	Les entreprises ont le choix et choisissent leur régime de TVA.		
2	Il existe 3 régimes de TVA.		
3	Une entreprise ne peut pas changer de régime de TVA.		
4	Une entreprise soumise au régime simplifié d'imposition remplit des déclarations mensuelles de TVA.		
5	Une entreprise soumise au régime simplifié peut opter pour le régime normal.		
6	Une entreprise soumise au régime normal peut opter pour le régime simplifié.		
7	Une entreprise en franchise de TVA remplit des déclarations de TVA.		

ENTRAÎNEMENTS

Entraînement 1 DEPANN'TOUT

Un collaborateur du cabinet dans lequel vous travaillez, M. Lopez, vous propose d'assister à un entretien avec un client. Il s'agit de l'entrepreneur de Depann'tout, petite entreprise spécialisée dans les différents services informatiques (aide à l'installation de nouveaux matériels, maintenance de systèmes informatiques existants...). Ce client s'est mis à son compte en 2021 et a su depuis développer une clientèle de professionnels qui apprécient son adaptabilité et ses horaires flexibles (intervention tardive dans les bureaux après le départ des salariés). Il a réalisé en 2022 un CAHT de 35 000 €. L'activité de Depann tout est en plein développement et l'entrepreneur envisage d'investir dans une camionnette pour effectuer ses déplacements et transporter son matériel. Une connaissance lui a conseillé de changer de régime de TVA. Il a donc pris rendez-vous avec son comptable, M. Lopez pour aborder ce point, rendez-vous auquel vous êtes convié.

M. Lopez vous demande pourquoi une de ses connaissances a donc conseillé au chef d'entreprise de Depann'tout de changer de régime de TVA en apprenant qu'il voulait investir dans une camionnette et que son activité se développait, ses achats de pièces détachées aussi. Il veut que vous précisiez toutes les conséquences pour Depann'tout, comptables et fiscales, si le chef d'entreprise décidait de changer de régime de TVA.

Pour vous aider, vous avez récupéré quelques factures de septembre dans le dossier de DEPANN'TOUT.

Annexe Pièces comptables récupérées

DEPANNTOUT
LYON

SARL Viannay
Villefranche/Saône

Lyon, le 20/09

Assistance installation amplificateur réseau Wi-Fi

HT	85,00
Net à payer	85,00

TVA non applicable, « article 293 B du CGI »

BURO PLUS
LYON

DEPANNTOUT
LYON

Lyon, le 22/09

Papeteries diverses	45,00

DEPANNTOUT
LYON

Ets Carret
Lyon

Assistance installation Internet

HT	75,00
Net à payer	75,00

TVA non applicable, « article 293 B du CGI »

INFOGROS
LYON

DEPANNTOUT
LYON

Lyon, le 22/09

Barrettes mémoire

HT	75,00
TVA 20 %	15,00
TTC	90,00

DEPANNTOUT
LYON

Ets Portalu
Lyon

Lyon, le 23/09

Maintenance réseau informatique

HT	205,00
Net à payer	205,00

TVA non applicable, « article 293 B du CGI »

INFOGROS
LYON

DEPANNTOUT
LYON

Lyon, le 23/09

Carte réseau

HT	190,00
TVA 20 %	38,00
TTC	228,00

Entraînement 2 INFODOMI

M. Lopez vous parle maintenant du dossier INFODOMI, une petite entreprise cliente du cabinet spécialisée dans les services informatiques chez les particuliers. Cette entreprise est soumise de plein droit à la franchise de TVA. Le chef d'entreprise d'Infodomi n'envisage pas d'investissement particulier pour le moment.

M. Lopez voudrait savoir si vous feriez la même analyse et conseilleriez à l'entreprise INFODOMI de renoncer à la franchise de TVA et d'opter pour un régime simplifié d'imposition si par exemple un projet d'investissement se précisait. Quelles seraient les conséquences de cette option pour les clients de l'entreprise ?

CHAPITRE 4

TVA : champ d'application et territorialité

3.2.1 Préparation de la déclaration de TVA

Compétence

- Découvrir les opérations soumises à la TVA française.

Notions clés

- Assujetti
- Opération imposable par nature
- Opération imposable par détermination de la loi
- Opération exonérée
- AIC
- LIC

PLAN

Activités

À l'aide des **fiches ressources**, réalisez les différentes activités proposées.

1 Identifier les opérations imposables à la TVA française
2 TVA et Territorialité / Schéma
3 TVA et Territorialité
4 Importations et déclaration de TVA

Fiche ressources

1 Champ d'application de la TVA
2 Territorialité
3 Auto-liquidation à l'import

Révision

1 À retenir
2 Testez-vous

Entraînements

Pour aller plus loin

Territorialité et TVA sur les services

Activité 1

Identifier les opérations imposables à la TVA française

1 Complétez le tableau suivant :

Opération	Imposable	Non imposable
Ventes de marchandises par une entreprise française à un client français	Opération imposable par nature	
Une clinique réalise des opérations chirurgicales		
Un médecin a encaissé des honoraires		
Ventes de marchandises par une entreprise française à un client japonais		
Cours particuliers encaissés par un enseignant		
Un barman a perçu son salaire plus des pourboires		
Prestation de services réalisée par un architecte pour un client français		
Une banque a facturé des intérêts sur un prêt consenti à une entreprise		
Achats de marchandises par une entreprise française à un fournisseur chinois		
Un vétérinaire a encaissé des honoraires		
Une entreprise française a vendu un immeuble achevé en 1995		

2 Pour les opérations exonérées, précisez celles qui peuvent faire l'objet d'une imposition sur option :

Activité 2

TVA et territorialité / Schéma

3 Placez sur le schéma les mots suivants : **IMPORTATION** / **EXPORTATION** / **AIC (Acquisition Intracommunautaire)** / **LIC (Livraison Intracommunautaire)**.

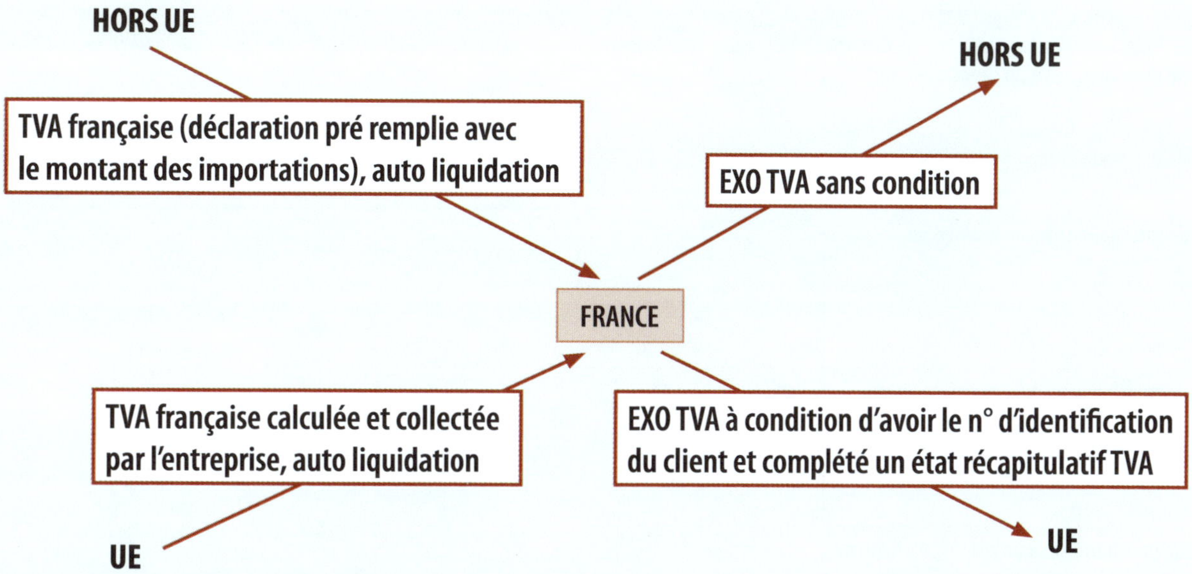

4 Que signifie précisément l'auto-liquidation pour une entreprise ?

Activité 3

TVA et territorialité

Une entreprise commerciale française a réalisé des opérations avec des partenaires étrangers.

5 Complétez le tableau suivant :

Opération	Imposable	Non imposable
Ventes de marchandises à un client allemand		
Achats de marchandises à un fournisseur japonais		
Ventes de marchandises à un client marocain		
Ventes de marchandises à un client italien qui ne nous a pas donné son n° intracommunautaire		
Achats de marchandises à un fournisseur bulgare		
Achats de marchandises à un fournisseur chinois		
Ventes de marchandises au Vietnam		
Achats de marchandises à un fournisseur espagnol		
Ventes de marchandises à un client autrichien		
Ventes de marchandises à un client portugais qui ne nous a pas donné son n° intracommunautaire		

Remarque : Si rien n'est précisé, l'entreprise dispose des numéros d'identification et remplit toutes les formalités nécessaires.

Activité 4

Importations et déclaration de TVA

Pour vérifier la maîtrise des compétences :

➡ lire et comprendre une documentation fiscale

Plusieurs clients du cabinet d'expertise comptable dans lequel vous travaillez réalisent des opérations régulières de commerce avec l'étranger. L'un d'entre eux vous affirme que désormais les déclarations de TVA sont entièrement complétées en ce qui concerne les importations, qu'il suffit de vérifier les montants mais qu'il n'y a rien à noter.

6 Ce client a-t-il raison ? Vous justifierez votre réponse.

1 CHAMP D'APPLICATION DE LA TVA

<table>
<tr><th colspan="2">PRINCIPALES OPÉRATIONS IMPOSABLES = soumises à la TVA</th><th colspan="2">PRINCIPALES OPÉRATIONS EXONÉRÉES = non soumises à la TVA</th></tr>
<tr><th>PAR NATURE</th><th>PAR DISPOSITION EXPRESSE DE LA LOI</th><th>Sans option possible</th><th>Avec possibilité d'option</th></tr>
<tr>
<td>LES OPÉRATIONS EFFECTUÉES A TITRE ONÉREUX PAR UN ASSUJETTI DANS LE CADRE D'UNE ACTIVITÉ ÉCONOMIQUE

<u>À titre onéreux</u> = livraisons de biens (transfert de propriété) et prestations de services à titre onéreux avec contrepartie

<u>Assujetti</u> = personne qui effectue de façon habituelle à titre indépendant (non salarié) une ou plusieurs opérations soumises à TVA

<u>Activité économique</u> = commerce, industrie, services, professions libérales, activités agricoles…

Ne sont pas donc imposables à la TVA (en dehors du champ d'application) :
• les opérations effectuées à titre gratuit (cadeaux) ;
• les opérations effectuées en vertu d'un contrat de travail ;
• les opérations effectuées par des non assujettis (ex. : particulier)</td>
<td>• <u>Les importations</u> (achats en provenance de pays autres que l'Union européenne)

• <u>Les acquisitions intracommunautaires</u> (achats en provenance de l'Union européenne) = AIC

• Cessions de biens d'occasion

• Ventes d'immeubles dans les cinq ans de l'achèvement

Remarque : dès lors que le bien fabriqué par l'entreprise aurait donné lieu à déduction de TVA s'il avait été acheté chez un fournisseur, l'entreprise ne doit plus collecter la TVA sur la LAS.</td>
<td>• Opérations d'assurance
• Timbres fiscaux et timbres postaux
• <u>Les exportations</u> (ventes à destination de pays autres que l'Union européenne)
• <u>Les livraisons intra communautaires</u> (ventes à destination de pays de l'Union européenne) si n° identification intracom du client connu et récapitulatif TVA transmis
• Activités médicales ou paramédicales et frais d'hospitalisation
• Certaines opérations bancaires et financières à caractère financier (<u>intérêts</u>, escomptes, commissions assimilées…) ;
• Activités d'enseignement (sauf formation professionnelle continue réalisée par des établissements privés) ;
• Services à caractère social, éducatif, culturel, sportif rendus à leurs membres par des associations ou organismes sans but lucratif, à caractère social ou philanthropique ;
• Certaines locations à usage d'habitation</td>
<td>• Cession d'immeubles achevés depuis plus de cinq ans
• Certaines opérations bancaires ou financières (ex. : affacturage)
• Location des locaux nus à usage professionnel, industriel et commercial</td>
</tr>
</table>

2 TERRITORIALITÉ

Le territoire français comprend (au sens de la TVA) :

- la France continentale et la Corse ;
- la principauté de Monaco ;
- les eaux territoriales et le plateau continental.

<u>Remarque</u> : les DROM-COM (Départements ou Régions français d'Outre Mer - Collectivités d'Outre-Mer) sont considérés comme territoires d'exportation.

Depuis le 01/01/21, les opérations commerciales avec le RU sont des Importations (avec un mécanisme d'auto liquidation) et des Exportations.

Voici la liste des 27 pays de l'Union européenne

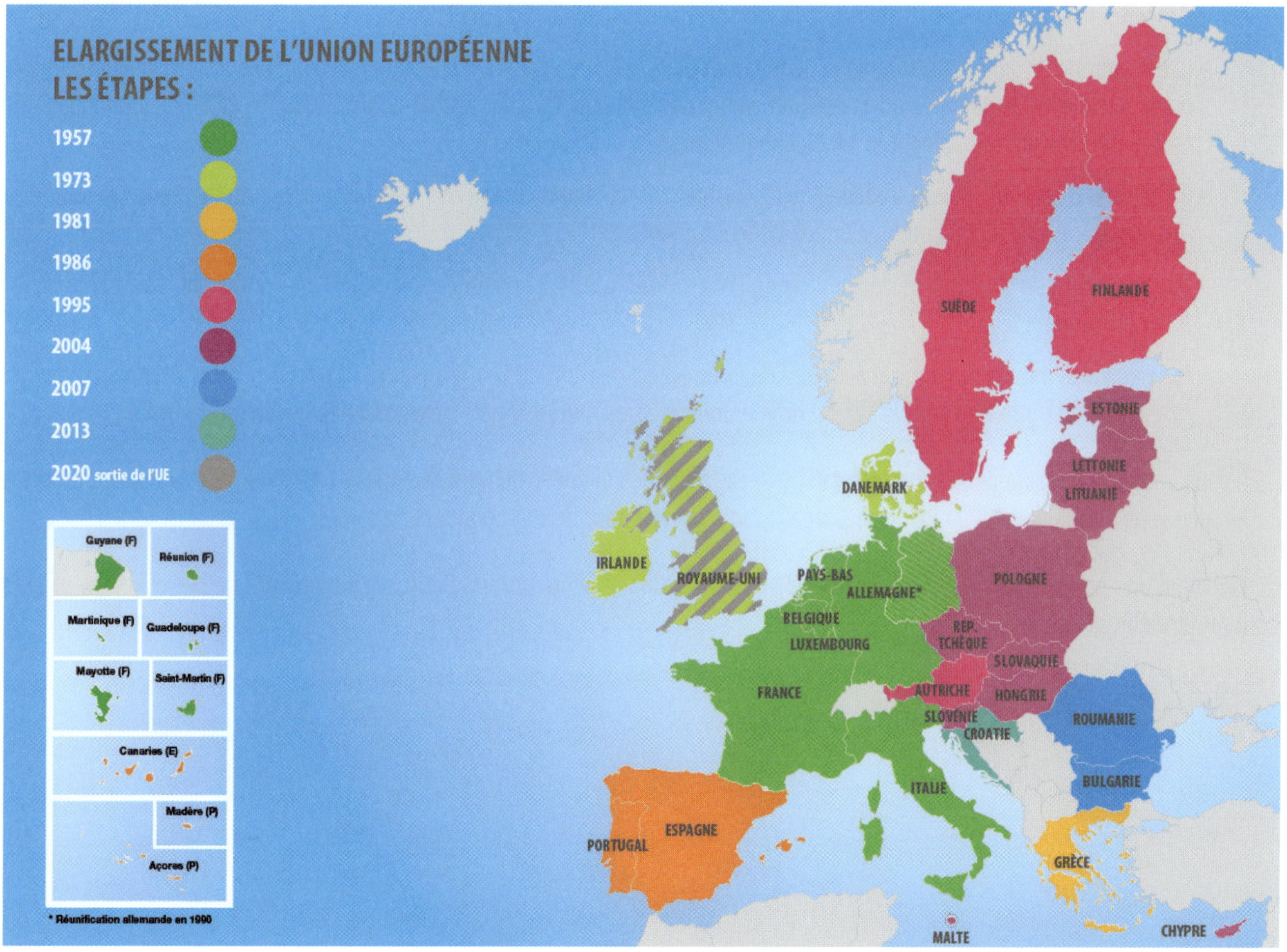

Source : *http://www.touteleurope.eu/les-pays-de-l-union-europeenne.html*

3 AUTO-LIQUIDATION À L'IMPORT

Comment sont traitées les importations sur la declaration de TVA

La gestion et le recouvrement de la TVA à l'importation sont transférés à la Direction générale des finances publiques (DGFiP) depis le 1er janvier 2022.

À compter de cette date, la déclaration et le paiement de la TVA à l'importation sont effectués directement à l'appui de la déclaration de TVA en lieu et place de la déclaration en douane. À cette fin, aucune autorisation préalable n'est nécessaire. Cette nouvelle modalité déclarative est obligatoire pour tout redevable identifié à la TVA. Elle vous permet de collecter et déduire simultanément la TVA à l'importation sur votre déclaration de TVA, sans avance de trésorerie.

Votre déclaration de TVA évolue pour intégrer les opérations portant sur les importations.

Afin de faciliter vos démarches :

- la déclaration en ligne est pré-remplie du montant de TVA à l'importation à collecter (hors régime fiscaux suspensifs (RFS)), à partir des éléments que vous aurez préalablement déclarés à la Direction générale des Douanes et Droits indirects (DGDDI). Le pré- remplissage est effectif le 14 de chaque mois ;
- un service, disponible depuis douane.gouv.fr, permet, au redevable de la TVA d'obtenir le détail du montant pré-rempli selon des modalités qui seront communiquées ultérieurement ;
- la date limite de dépôt de la déclaration de TVA est fixée au 24 de chaque mois pour l'ensemble des redevables de la TVA à l'importation ;
- le service des impôts des entreprises (SIE) ou la Direction des grandes entreprises (DGE) devient votre interlocuteur sur cette taxe, au même titre que pour la TVA de droit commun et les autres impôts professionnels gérés par la DGFiP.

Il vous appartient également de compléter votre déclaration des données non pré-remplies : bases de TVA à l'importation taxables lorsque vous avez recours à un RFS, bases non taxables et montant de TVA déductible afférent.

Les montants pré-remplis devant faire l'objet d'une vérification de votre part. ... Si besoin, le montant de TVA collectée pré-rempli peut être corrigé.

Source : *https://www.impots.gouv.fr/portail/files/media/1_metier/2_professionnel/EV/2_gestion/210_declarer_payer/tva_a_limportationannexes.pdf*

FICHES RESSOURCES

Couleur	Légende
Vert	TVA à l'importation
Bleu	TVA pétrole
Jaune	TVA à l'importation et TVA pétrole

A	MONTANT DES OPÉRATIONS RÉALISÉES						
	OPÉRATIONS TAXÉES (H.T.)				**OPÉRATIONS NON TAXÉES**		
A1	Ventes, prestations de services	0979	…………	E1	Exportations hors UE	0032	…………
A2	Autres opérations imposables	0981	…………	E2	Autres opérations non imposables	0033	…………
A3	Achats de prestations de services intracommunautaires (article 283-2 du code général des impôts)	0044	…………	E3	Ventes à distance taxables dans un autre État membre au profit des personnes non assujetties – Ventes BtoC	0047	…………
A4	Importations (autres que les produits pétroliers)	0050	Pré-remplissage intégral dès 2022	E4	Importations (autres que les produits pétroliers)	0052	Pré-remplissage intégral à compter de 2023
				E5	Sorties de régime fiscal suspensif (autres que les produits pétroliers)	0053	Absence pré-remplissage
				E6	Importations placées sous régime fiscal suspensif (autres que les produits pétroliers)	0054	Pré-remplissage intégral à compter de 2023
A5	Sorties de régime fiscal suspensif (autres que les produits pétroliers)	0051	Absence pré-remplissage	F1	Acquisitions intracommunautaires	0055	Absence pré-remplissage
				F2	Livraisons intracommunautaires à destination d'une personne assujettie – Ventes BtoB	0034	…………
				F3	Livraisons d'électricité, de gaz naturel, de chaleur ou de froid non imposables en France	0029	…………
B1	Mises à la consommation de produits pétroliers	0048	Absence pré-remplissage	F4	Mises à la consommation de produits pétroliers	0049	Absence pré-remplissage
B2	Acquisitions intracommunautaires	0031	…………	F5	Importations de produits pétroliers placées sous régime fiscal suspensif	0056	Absence pré-remplissage
B3	Livraisons d'électricité, de gaz naturel, de chaleur ou de froid imposables en France	0030	…………	F6	Achats en franchise	0037	…………
B4	Achats de biens ou de prestations de services réalisés auprès d'un assujetti non établi en France (article 283-1 du code général des impôts)	0040	…………	F7	Ventes de biens ou prestations de services réalisées par un assujetti non établi en France (article 283-1 du code général des impôts)	0043	…………
B5	Régularisations (important : cf. notice)	0036	…………	F8	Régularisations (important : cf. notice)	0039	…………

B	DÉCOMPTE DE LA TVA À PAYER			
	TVA BRUTE		**Base hors taxe**	**Taxe due**
	Opérations réalisées en France métropolitaine hors produits pétroliers et importations			
08	Taux normal 20 %	0207	…………	…………
09	Taux réduit 5,5 %	0105	…………	…………
9B	Taux réduit 10 %	0151	…………	…………
	Opérations réalisées dans les DOM hors produits pétroliers et importations			
10	Taux normal 8,5 %	0201	…………	…………
11	Taux réduit 2,1 %	0100	…………	…………
	Opérations imposables à un autre taux (France métropolitaine ou DOM) hors produits pétroliers et importations			
13	Anciens taux	0900	…………	…………
14	Opérations imposables à un taux particulier (décompte effectué sur annexe 3310 A)	0950	…………	…………
	Produits pétroliers			
P1	Taux normal 20 %	0208	Absence pré-remplissage	Pré-remplissage intégral dès 2022
P2	Taux réduit 13 %	0152	Absence pré-remplissage	Pré-remplissage intégral dès 2022
	Importations			
I1	Taux normal 20 %	0210	pré-remplissage partiel dès 2022 : sorties RFS non pré-remplies	pré-remplissage partiel dès 2022 : sorties RFS non pré-remplies
I2	Taux réduit 10 %	0211	pré-remplissage partiel dès 2022 : sorties RFS non pré-remplies	pré-remplissage partiel dès 2022 : sorties RFS non pré-remplies
I3	Taux réduit 8,5 %	0212	pré-remplissage partiel dès 2022 : sorties RFS non pré-remplies	pré-remplissage partiel dès 2022 : sorties RFS non pré-remplies
I4	Taux réduit 5,5 %	0213	pré-remplissage partiel dès 2022 : sorties RFS non pré-remplies	pré-remplissage partiel dès 2022 : sorties RFS non pré-remplies
I5	Taux réduit 2,1 %	0214	pré-remplissage partiel dès 2022 : sorties RFS non pré-remplies	pré-remplissage partiel dès 2022 : sorties RFS non pré-remplies
I6	Taux réduit 1,05 %	0215	pré-remplissage partiel dès 2022 : sorties RFS non pré-remplies	pré-remplissage partiel dès 2022 : sorties RFS non pré-remplies
15	TVA antérieurement déduite à reverser (dont TVA sur les produits pétroliers …………) (dont TVA sur les produits importés hors produits pétroliers …………)	0600		…………
5B	Sommes à ajouter, y compris acompte congés (exprimées en euro)	0602		…………

À RETENIR

TVA : champ d'application et territorialité

Les opérations imposables sont les opérations effectuées à titre **onéreux** par un **assujetti** dans le cadre d'une **activité économique**.

Certaines opérations sont exonérées comme par exemple les activités d'assurance ou médicales.

TERRITORIALITÉ

PRINCIPE = TAXATION dans le pays d'ARRIVÉE

Exemples :

Achats en CHINE / TVA française

Ventes en Italie / PAS DE TVA française

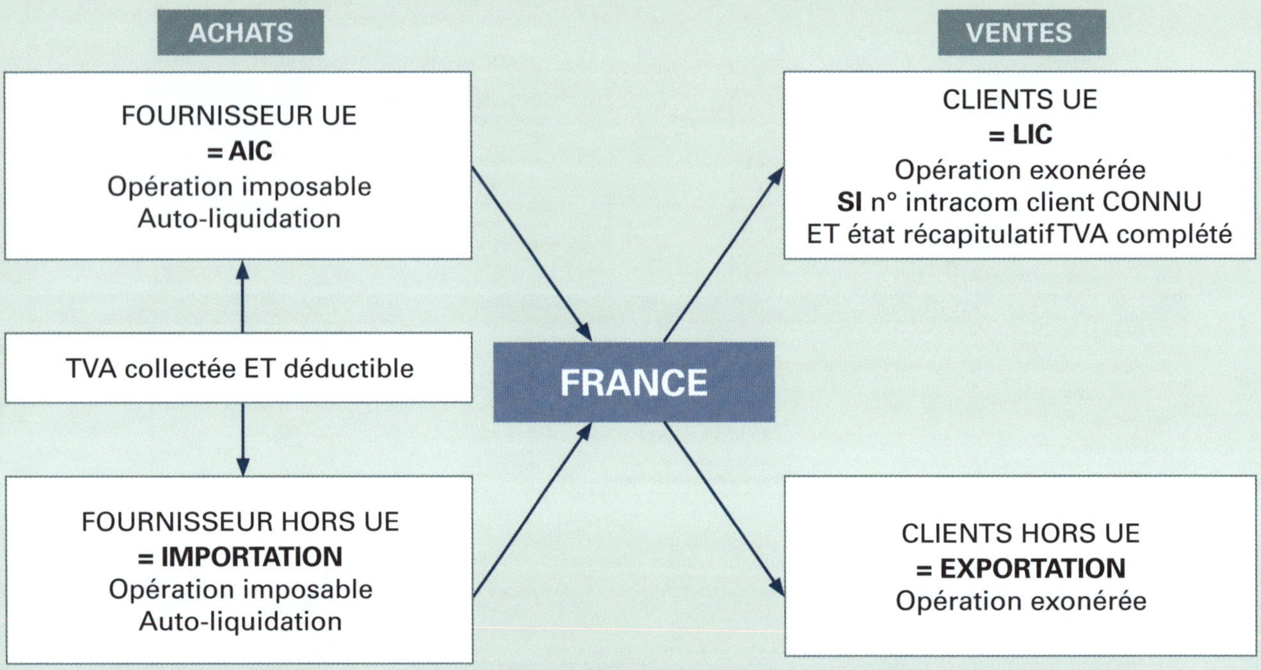

AIC : Acquisition intracommunautaire
LIC : Livraison intracommunautaire

Auto-liquidation : l'entreprise française CALCULE et COLLECTE la TVA

TESTEZ-VOUS !

Ce questionnaire est également disponible en ligne.

https://eqrcode.co/a/ts8l9o

		OUI	NON
1	L'achat de biens par une entreprise française à un fournisseur italien est une Livraison intracommunautaire.		
2	L'achat de biens par une entreprise française à un fournisseur chinois est une importation.		
3	Les livraisons intracommunautaires sont toujours imposables à la TVA française.		
4	Dans le cas d'une acquisition intracommunautaire, il y a uniquement de la TVA déductible.		
5	Les importations sont toujours imposables à la TVA française.		
6	Les opérations d'assurance sont soumises à TVA.		
7	Quand une banque facture des intérêts sur emprunts, ces derniers sont soumis à TVA.		
8	Quand une banque facture des frais de tenue de compte, ces derniers sont soumis à TVA.		

Entraînement 1 MULTICOLOR

Le cabinet dans lequel vous travaillez vous confie le dossier de la SARL « MULTICOLOR » spécialisée dans la vente de peinture. Cette SARL, soumise de plein droit au régime normal de TVA, réalise entre autres des achats et des ventes avec des partenaires étrangers. La lettre de mission du cabinet comprend l'assistance pour des missions particulières. Or, la SARL « MULTICOLOR » vient d'investir dans un nouveau logiciel, un PGI, et a demandé l'aide du cabinet pour la mise à jour du paramétrage avant d'effectuer la « bascule » vers le PGI. Un collaborateur vous confie la mission de vérifier le paramétrage de la TVA. MULTICOLOR remplit toutes les déclarations nécessaires.

Indiquez dans le tableau si les opérations réalisées par Multicolor sont imposables à la TVA.

Ventes de peinture à un client français	*Ex. : Opération imposable par nature* *Livraison de bien effectuée à titre onéreux par un assujetti*
Règlement des salaires du personnel	
Perception des intérêts d'un prêt accordé à un membre du personnel	
Vente d'une machine à teinter d'occasion	
Don de 1000 calendriers publicitaires	
Facturation du transport sur la vente de pots de peinture	
Règlement par virement bancaire des primes d'assurance à l'AXA par l'entreprise	
Vente de pots de peinture à un client américain	
Achat de peinture à un fournisseur italien	
Paiement par chèque bancaire des intérêts d'un emprunt et de divers frais de tenue de compte au LCL	
Achat de peinture à un fournisseur asiatique	
Vente de peinture à un client espagnol (n° d'identifiant intracommunautaire connu)	
L'entreprise utilise pour la première fois une machine à teinter fabriquée par ses soins.	

Entraînement 2 Entreprise CG

Il vous est demandé de compléter le tableau suivant à partir des factures INCOMPLÈTES de l'annexe. L'entreprise CG remplit toutes les déclarations nécessaires.

	La TVA devra être présente sur la facture **OUI ou NON**	TVA collectée par l'entreprise B1CG **OUI ou NON**	Montant qui sera dû par client ou dû au fournisseur **HT ou TTC**
FACTURE 1			
FACTURE 2			
FACTURE 3			
FACTURE 4			
FACTURE 5			
FACTURE 6			

Annexe ENTRAÎNEMENT 2 CG

FACTURE 1

NBA
USA

Lyon B1CG
40, rue des Dominicains
69001 LYON
FR 81 483 724 423

order n° 1236
NEW YORK, 09/20/

Product A	135 $	
Product B	56 $	

FACTURE 2

GROSSISTE TOUTENGROS
PARIS

Lyon B1CG
40, rue des Dominicains
69001 LYON
FR 81 483 724 423

PARIS, LE 19/09/ FACT n° 5689

Désignation	PU HT	Remise	PU net HT
Marchandises C	800	10 %	720,00
Marchandises D	1 100	10 %	990,00
Marchandises E	1 200	10 %	1 080,00

FACTURE 3

Lyon B1CG
40, rue des Dominicains
69001 LYON
FR 81 483 724 423

JHONSON
COPENHAGUE
DANEMARK

Lyon, le 18/09/ FACT n° 256

Désignation	PU HT	Remise	PU net HT
Marchandises C	1 023	5 %	971,85
Marchandises D	1 596	10 %	1 436,40
Marchandises E	1 500	10 %	1 350,00

FACTURE 4

Lyon B1CG
40, rue des Dominicains
69001 LYON
FR 81 483 724 423

SHANGHAI
CHINA

LYON, LE 22/09/

FACT n° 89

Désignation	PU HT	
Marchandises C	1 023	
Marchandises D	1 596	

FACTURE 5

Lyon B1CG
40, rue des Dominicains
69001 LYON
FR 81 483 724 423

BELLAVITA
ROMA
IT 90 456 789 123

Lyon, le 23/09/

Désignation	PU HT	Remise	PU net HT
Marchandises C	1 023	10 %	920,70

FACTURE 6

MUTASPA
ROMA
IT 91 456 123 789

Lyon B1CG
40, rue des Dominicains
69001 LYON
FR 81 483 724 423

Roma, il 28/09/

Prodotto F	500	

Entraînement 3 CAS BBO d'après BTS / MINISTÈRE DE L'ENSEIGNEMENT SUPÉRIEUR, DE LA RECHERCHE ET DE L'INNOVATION - 2017

Début octobre, votre directeur M. Gourdon, vous demande de travailler sur la TVA du mois de septembre par la SARL BBO, SARL soumise au régime normal de TVA et spécialisée dans la boulangerie industrielle... La SARL remplit toutes les formalités nécessaires.

Afin de faciliter la saisie de la télé-déclaration de TVA de septembre, complétez l'extrait de la CA3 (page suivante).

Annexe Données comptables de septembre

ÉLÉMENTS	FACTURATIONS HT
Ventes de brioches France – TVA 5,5 %	210 000,00
Ventes de brioches dans l'Union européenne (*)	20 000,00
Ventes de brioches à l'exportation	1 500,00
Achat d'immobilisation en Allemagne – TVA 20 %	11 000,00
Achats de fleurs d'oranger en Espagne – TVA 5.5 %	2 000,00

(*) Tous les clients ont fourni leur numéro intracommunautaire.

Rappel : en France les produits alimentaires et les produits agricoles bénéficient du taux réduit de 5,5 %. Tous les autres biens et services sont soumis au taux normal.

Extrait de la balance au 30/09 concernant les comptes de TVA

N° COMPTES	LIBELLÉS	SOLDES DÉBITEURS	SOLDES CRÉDITEURS
...	...	...	...
4452000	TVA due intracommunautaire		2 310,00
4456209	TVA déductible sur immobilisations sept	4 743,20	
4456610	TVA déductible sur autres biens et services oct	490,00	
4456609	TVA déductible sur autres biens et services sept	8 279,96	
4457110	TVA collectée 5,5 %		11 550,00
...	...	...	...

Extrait déclarations CA3

A MONTANT DES OPÉRATIONS RÉALISÉES

	OPÉRATIONS TAXÉES (HT.)				OPÉRATIONS NON TAXÉES		
A1	Ventes, prestations de services	0979	....	E1	Exportations hors UE	0032	....
A2	Autres opérations imposables	0981	....	E2	Autres opérations non imposables	0033	....
A3	Achats de prestations de services intracommunautaires (article 283-2 du code général des impôts)	0044	....	E3	Ventes à distance taxables dans un autre État membre au profit des personnes non assujetties	0047	....
A4	Importations (autres que les produits pétroliers)	0056	....	E4	Importations (autres que les produits pétroliers)	0052	....
A5	Sorties de régime fiscal suspensif (autres que les produits pétroliers)	0051	....	E5	Sorties de régime fiscal suspensif (autres que les produits pétroliers)	0053	....
B1	Mises à la consommation de produits pétroliers	0048	....	E6	Importations placées sous régime fiscal suspensif (autres que les produits pétroliers)	0054	....
B2	Acquisitions intracommunautaires	0031	....	F1	Acquisitions intracommunautaires	0055	....
B3	Livraisons d'électricité, de gaz naturel, de chaleur ou de froid imposables en France	0030	....	F2	Livraisons intracommunautaires à destination d'une personne assujettie	0034	....
B4	Achats de biens ou de prestations de services réalisés auprès d'un assujetti non établi en France (article 283-1 du code général des impôts)	0040	....	F3	Livraisons d'électricité, de gaz naturel, de chaleur ou de froid non imposables en France	0029	....
B5	Régularisations (important : cf. notice)	0036	....	F4	Mises à la consommation de produits pétroliers	0049	....
				F5	Importations de produits pétroliers placées sous régime fiscal suspensif	0050	....
				F6	Achats en franchise	0037	....
				F7	Ventes de biens ou prestations de services réalisées par un assujetti non établi en France (article 283-1 du code général des impôts)	0043	....
				F8	Régularisations (important : cf. notice)	0039	....

B DÉCOMPTE DE LA TVA À PAYER

	TVA BRUTE		Base hors taxe	Taxe due
	Opérations réalisées en France métropolitaine			
08	Taux normal 20 %	0207	....	....
09	Taux réduit 5,5 %	0105	....	....
9B	Taux réduit 10 %	0151	....	....
	Opérations réalisées dans les DOM			
10	Taux normal 8,5 %	0201	....	....
11	Taux réduit 2,1 %	0100	....	....
	Opérations imposables à un autre taux (France métropolitaine ou DOM)			
13	Anciens taux	0900	....	....
14	Opérations imposables à un taux particulier (décompte effectué sur annexe 3310 A)	0950	....	....
	Produits pétroliers			
P1	Taux normal 20 %	0208	....	....
P2	Taux réduit 13 %	0152	....	....
	Importations			
I1	Taux normal 20 %	0210	....	....
I2	Taux réduit 10 %	0211	....	....
I3	Taux réduit 8,5 %	0212	....	....
I4	Taux réduit 5,5 %	0213	....	....
I5	Taux réduit 2,1 %	0214	....	....
I6	Taux réduit 1,05 %	0215	....	....
15	TVA antérieurement déduite à reverser (dont TVA sur les produits pétroliers ....) (dont TVA sur les produits importés hors produits pétroliers ....)		0600	....
5B	Sommes à ajouter, y compris acompte congés (exprimées en euro)		0602	....
16	**Total de la TVA brute due (lignes 08 à 5B)**			....
17	**Dont TVA sur acquisitions intracommunautaires**		0035	....
18	**Dont TVA sur opérations à destination de Monaco**		0038	....

La ligne 11 ne concerne que les DOM.
Les autres opérations relevant du taux de 2,1 % sont déclarées sur l'annexe 3310 A-SD.

	TVA DÉDUCTIBLE		
19	Biens constituant des immobilisations	0703	....
20	Autres biens et services	0702	....
21	Autre TVA à déduire (dont régularisation de : - TVA sur les produits pétroliers : - TVA sur les produits importés hors produits pétroliers : - TVA collectée sur autres produits ou PS [cf. notice] ou déductible :)	0059	....
22	Report du crédit apparaissant ligne 27 de la précédente déclaration	8001	....
2C	Sommes à imputer, y compris acompte congés (exprimées en euro)	0603	....
22A	Indiquer le coefficient de taxation unique applicable pour la période s'il est différent de 100 ... %		
23	**Total TVA déductible (ligne 19 à 2C)**		[ ]
24	Dont TVA déductible sur importations hors produits pétroliers	0710	....
2E	Dont TVA déductible sur les produits pétroliers	0711	....

	CRÉDIT		
25	Crédit de TVA (ligne 23 – ligne 16)	0705	....
26	Remboursement de crédit demandé sur formulaire n° 3519 joint	8002	....
AA	Crédit de TVA transféré à la société tête de groupe sur la déclaration récapitulative 3310-CA3G	8005	....
27	Crédit à reporter (ligne 25 – ligne 26 – ligne AA) (Cette somme est à reporter ligne 22 de la prochaine déclaration)	8003	....

Attention ! Une situation de TVA créditrice (ligne 25 servie) ne dispense pas du paiement des taxes assimilées déclarées ligne 29.

	TAXE À PAYER		
28	**TVA nette due (ligne 16 – ligne 23).**		....
29	Taxes assimilées calculées sur annexe n° 3310 A-SD	9979	....
AB	Total à payer acquitté par la société tête de groupe sur la déclaration récapitulative 3310-CA3G (lignes 28 + 29)	9991	....
32	**Total à payer (lignes 28 + 29 – AB)** (N'oubliez pas de joindre le règlement correspondant)		[ ]

Entraînement 4 GILBERT

L'entreprise lyonnaise Gilbert a réalisé au cours du mois d'octobre les opérations suivantes (montants HT) :

- 1 achat de marchandises en Italie : 1 830
- 2 ventes de marchandises en Guyane : 2 930
- 3 ventes de marchandises au Brésil : 3 800
- 4 achats de marchandises en France : 2 750
- 5 ventes de marchandises en suspension de taxes à un client français : 2 300
- 6 ventes d'un ordinateur utilisé par le service comptable : 2 130
- 7 achats de marchandises en Argentine : 3 200
- 8 ventes de marchandises en Martinique : 2 744
- 9 ventes de marchandises en Espagne : 1 000
- 10 achats en suspension de taxes auprès d'une entreprise française : 5 190
- taux de TVA applicable : 20 %
- les numéros d'identification intracommunautaires sont connus
- l'entreprise remplit toutes les formalités nécessaires

Complétez le tableau. Pour réaliser votre mission, vous pourrez utiliser la documentation mise à votre disposition.

Documentation Achats en suspension de taxes

Le régime fiscal suspensif (RFS) permet de réaliser un certain nombre d'opérations à l'importation ou à l'exportation en suspension de TVA.

Le demandeur doit être la personne assujettie à la TVA, destinataire des opérations de livraisons, d'acquisitions intracommunautaires, d'importations ou de prestations de services, qui souhaite réaliser ces opérations en suspension de TVA, grâce à l'utilisation du RFS.

Le régime fiscal suspensif à l'exportation (RFSE).

Le régime fiscal suspensif à l'exportation (RFSE) permet d'acquérir en suspension de TVA des biens nationaux ou communautaires destinés, après stockage, à l'exportation vers un pays tiers ou vers une partie du territoire communautaire exclue de son territoire fiscal (cf. liste ci-dessus), ou à l'expédition vers un État Membre de la Communauté.

Le RFSE évite une avance de TVA lorsque le bien acheté sur le territoire communautaire est destiné à l'exportation ou à l'expédition vers un autre État Membre.

Source : https://www.douane.gouv.fr/demarche/stocker-des-marchandises-en-suspension-de-tva

Annexe

N° opération	TVA COLLECTÉE	TVA DÉDUCTIBLE
1		
2		
3		
4		
5		
6		
7		
8		
9		
10		

POUR ALLER PLUS LOIN

TERRITORIALITÉ ET TVA SUR LES SERVICES

Un client du cabinet dans lequel vous travaillez, une importante entreprise industrielle agro-alimentaire lyonnaise, hésite entre plusieurs fournisseurs prestataires de services pour réaliser sa future campagne de publicité internationale : PUBLIVAX (entreprise française), ADVERT BRIT (entreprise belge) et USAPUB (entreprise américaine). L'entreprise interroge le cabinet COMPTASUP sur les incidences fiscales en matière de TVA de ces différentes possibilités.

TRAVAIL À FAIRE

Compléter le tableau suivant
à l'aide de la documentation fiscale.

	OPÉRATION IMPOSABLE À LA TVA (OUI ou NON)	TVA PRÉSENTE SUR LA FACTURE (OUI ou NON)
FOURNISSEUR PRESTATAIRE FRANÇAIS		
FOURNISSEUR PRESTATAIRE BELGE		
FOURNISSEUR PRESTATAIRE AMERICAIN		

DOCUMENTATION — CAS GÉNÉRAL TERRITORIALITÉ PRESTATIONS de SERVICES

BÉNÉFICIAIRE CLIENT	PRESTATAIRE FOURNISSEUR		
	En France	En UE	Hors UE
En France			
= Assujetti (entreprise)	TVA française*	TVA française**	TVA française**
= Non assujetti (particulier)	TVA française*	Pas de TVA française	TVA française* si utilisation en France Sinon pas de TVA française
En UE			
= Assujetti (entreprise)	Pas de TVA française	Pas de TVA française	Pas de TVA française
= Non assujetti (particulier)	TVA française*	Pas de TVA française	Pas de TVA française
Hors UE	Pas de TVA française	Pas de TVA française	Pas de TVA française

* TVA due par le prestataire.

** TVA due par le client bénéficiaire.

Source : documentation interne du cabinet

CHAPITRE 5

TVA : base et taux

3.2.1 Préparation de la déclaration de TVA

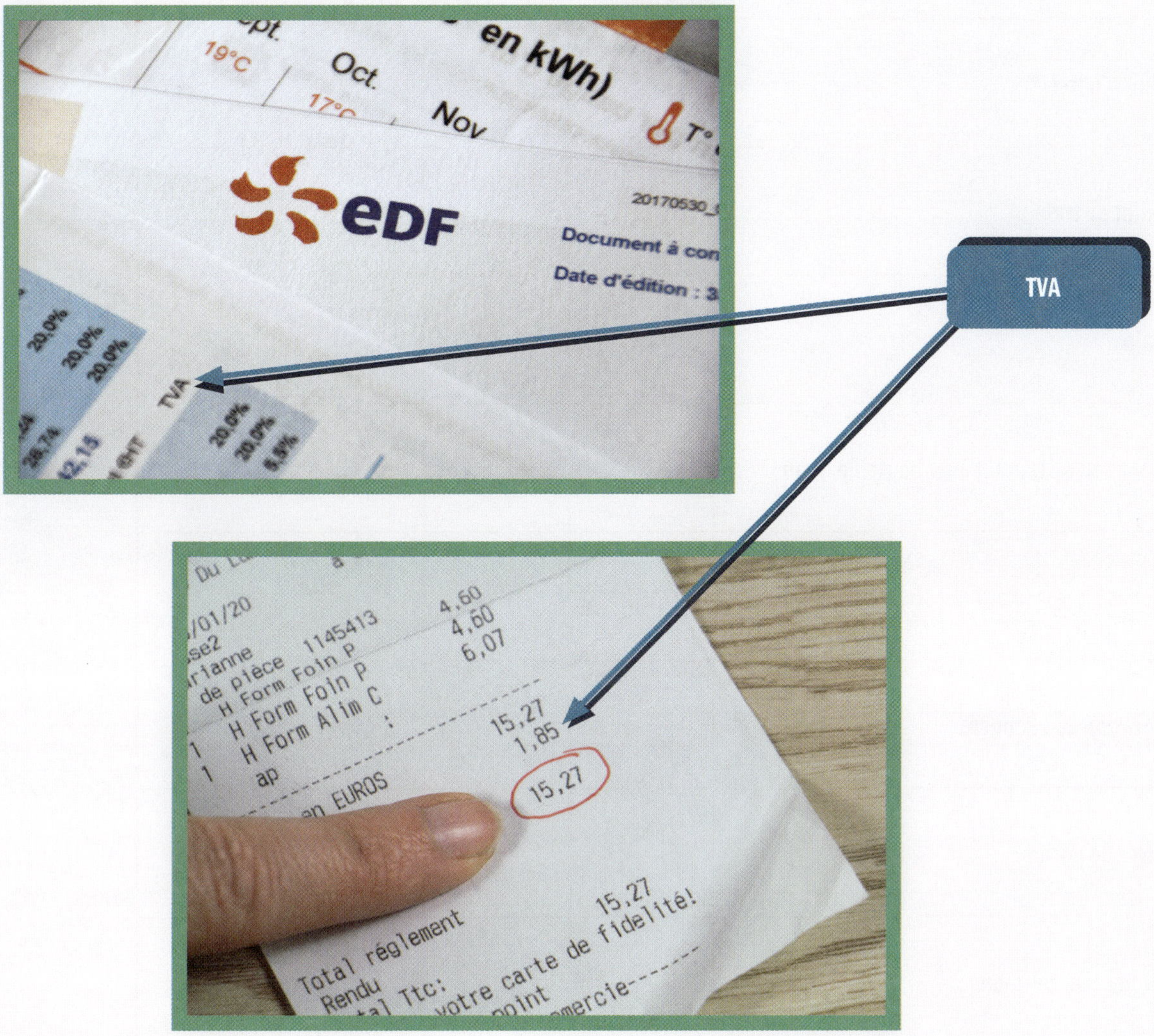

Compétence

- Découvrir les différents taux de TVA et la base d'imposition à la TVA.

Notions clés

- Assiette de TVA
- Taux de TVA

PLAN

Activités

À l'aide des **fiches ressources**, réalisez les différentes activités proposées.

1 Taux de TVA
2 Base de calcul de la TVA

Fiche ressources

1 Taux de TVA
2 Base d'imposition TVA

Révision

1 À retenir
2 Testez-vous

Entraînements

Activité 1

Taux de TVA

Un ami danois qui vient de s'installer en France vous interroge sur les taux de TVA en France. En effet, au Danemark, toutes les opérations sont soumises au taux unique de 25% mais lors de ses déplacements en France, il a constaté des taux différents sur ses différentes factures.

1 **Complétez le tableau suivant :**

	2.1 %	5.5 %	10 %	20 %
Nuit d'hôtel				
Billet de train				
Pain				
Repas au restaurant avec bouteille d'eau				
Repas au restaurant avec bouteille de vin				
Location 208 Peugeot				
Livre de poche				
Ordinateur portable				
Smartphone				
Abonnement internet				
Croissant				
Charlie Hebdo, hebdomadaire				
Billet de cinéma				

Activité 2

Base de calcul de la TVA

FacturesBasetvaenonce.xlsx

BI MÉDIA

https://eqrcode.co/a/sxSAik

2 Complétez les factures suivantes (vous pouvez activer votre lien pour télécharger le fichier Excel correspondant, (FacturesBasetvaenonce.xlsx) :

BURO+
Villefranche

Lyon Moquettes
40, rue des Dominicains
69001 LYON

FACT n° 1236
Villefranche, le 20/09

Désignation	Montant HT	
Ramettes papier A4	135,00	
Stylos encre bleue	56,00	
Total HT		
TVA 20 %		
Net à payer		

SOLEMUR
Lyon

Lyon Moquettes
40, rue des Dominicains
69001 LYON

Lyon, le 19/09 FACT n° 5689

Désignation	PU HT	Remise	PU net HT
1 tapis A2	125	10 %	
1 tapis A6	145	10 %	
1 tapis A7	210	10 %	
	Net commercial HT		
ESCOMPTE 3 %	BASE TVA	TVA à 20 %	Net à payer

Lyon Moquettes
40, rue des Dominicains
69001 LYON

Smith and son
London
GB

Lyon, le 18/09 FACT n° 256

Désignation	PU HT	Remise	PU net HT
1 lot moquette B5	1 023	5 %	
1 lot moquette D6	1 596	10 %	
1 lot moquette E9	1 500	10 %	
	Net commercial HT		
ESCOMPTE 2 %	BASE TVA	TVA à 20 %	Net à payer

MUTO
Villefranche

Lyon Moquettes
40, rue des Dominicains
69001 LYON

Villefranche, le 22/09

FACT n° 89

Désignation	Montant HT	
20 tapis	2 000,00	
Remise 5 %		
Net commercial HT		
Port facturé	500,00	
TVA 20 %		
Net à payer		

SOLEMUR
Lyon

Lyon Moquettes
40, rue des Dominicains
69001 LYON

Lyon, le 23/09 FACT n° 5690

Désignation	PU HT	Remise	PU net HT
1 tapis A2	125	10 %	
	Net commercial HT		
Consignation	BASE TVA	TVA à 20 %	Net à payer
100			

Lyon Moquettes
40, rue des Dominicains
69001 LYON

Moquette
Roma
IT 90 456 789 123

Lyon, le 28/09 FACT n° 257

2 tapis A6	200,00
Remise 5 %	
Net commercial HT	
Port facturé	50,00
TVA 20 %	
Net à payer	

1 TAUX DE TVA

2,1 %	5,5 %	10 %	20 %
Art. 281 quater et suivants du CGI • Médicaments remboursables par la Sécurité sociale • Ventes d'animaux vivants de boucherie et de charcuterie à des non assujettis • Redevance télévision • Certains spectacles et aux publications de presse inscrites à la Commission paritaire des publications et agences de presse	**Art. 278-0 bis du CGI** • Produits alimentaires (sauf exceptions) • Équipements et services pour handicapés • Abonnements gaz et électricité • Fourniture de repas dans les cantines scolaires • Fourniture de chaleur produite à partir d'énergies renouvelables • Livres sur tout support • Billetterie de spectacle vivant et cinéma • Logements sociaux et travaux d'amélioration de la qualité énergétique des logements • Produits de protection hygiénique féminine	**Art. 278 bis** et suivants du CGI • Produits agricoles non transformés • Bois de chauffage • Transports de voyageurs et hébergement en hôtel et camping • Restauration • Travaux d'amélioration du logement qui ne bénéficient pas du taux à 5,5 % • Traitement des déchets • Droits d'entrée dans les musées, zoo, etc.	**Art. 278 du CGI** • Majorité des ventes de biens et des prestations de services : il s'applique à tous les produits ou services pour lesquels aucun autre taux n'est expressément prévu

2 BASE D'IMPOSITION TVA

> **Article 267** **Modifié par LOI n°2020-1721 du 29 décembre 2020 - art. 44 (V)**

I. - Sont à comprendre dans la base d'imposition :

1° Les impôts, taxes, droits et prélèvements de toute nature à l'exception de la taxe sur la valeur ajoutée elle-même.

2° Les frais accessoires aux livraisons de biens ou prestations de services tels que commissions, intérêts, frais d'emballage, de transport et d'assurance demandés aux clients.

II. - Ne sont pas à comprendre dans la base d'imposition :

1° Les escomptes de caisse, remises, rabais, ristournes et autres réductions de prix consenties directement aux clients ;

2° Les sommes remboursées aux intermédiaires qui effectuent des dépenses au nom et pour le compte de leurs commettants dans la mesure où ces intermédiaires rendent compte à leurs commettants, portent ces dépenses dans leur comptabilité dans des comptes de passage, et justifient auprès de l'administration des impôts de la nature ou du montant exact de ces débours.

III. - Les sommes perçues lors des livraisons d'emballages consignés peuvent être exclues de la base d'imposition à la condition que la taxe sur la valeur ajoutée afférente à ces sommes ne soit pas facturée. Elles doivent être incorporées dans la base d'imposition lorsque les emballages n'ont pas été rendus au terme des délais en usage dans la profession.

Source : *art. 267 du CGI (extrait site Legifrance)*

À RETENIR

TVA : base et taux

Il existe **4** taux de TVA en France :

Taux super réduit 2,1 % publications de presse, médicaments remboursés…

Taux réduit 5,5 % alimentaire, livres…

Taux intermédiaire 10 % restauration, certains travaux, transport de voyageurs…

Taux normal 20 %

Opérations réalisées en France Montant facturé au client	Compris dans la base de calcul de la TVA	
	OUI	NON
Net financier HT = Prix catalogue – réductions commerciales – réduction financière	X	
Frais accessoires Exemple transport	X	
Emballages	X	
Emballages consignés		X
Frais et taxes avancés par le fournisseur pour le compte de son client et facturés pour leur montant exact (débours)		X

TESTEZ-VOUS !

https://eqrcode.co/a/TO3Imh

Ce questionnaire est également disponible en ligne.

		OUI	NON
1	Il existe trois taux de TVA différents en France.		
2	Le taux normal de TVA est de 20 %.		
3	La TVA se calcule sur le montant brut HT.		
4	La TVA se calcule sur le montant net de toutes réductions TTC.		
5	Les emballages consignés sont soumis à TVA.		
6	Les frais de transport facturés aux clients (hors débours) sont soumis à TVA.		
7	Un repas au restaurant est imposé à la TVA au taux de 5,5 %.		

ENTRAÎNEMENTS

Entraînement 1 VITAMINON

L'entreprise individuelle « VITAMINON », spécialisée dans le négoce de fruits et légumes a reçu les factures suivantes de plusieurs fournisseurs de fruits et légumes. Les fournisseurs de l'entreprise Vitaminon ne facturent pas de la même façon les frais de port.

- Le fournisseur POTIRON qui réalise ses ventes « condition départ » confie le transport à un transporteur spécialisé.
- Le fournisseur ANDRÉ réalise ses ventes « condition arrivée ».
- Le fournisseur TOMATO qui réalise ses ventes « condition départ » se charge lui-même du transport qu'il facture globalement avec les produits vendus à ses clients.

FacturesVitaminonenonce.xlsx

BI MÉDIA

À l'aide de la documentation fiscale (TVA et transport), complétez les factures suivantes (vous pouvez activer votre lien pour télécharger le fichier Excel correspondant, FacturesVitaminonenonce.xlsx).

https://eqrcode.co/a/JyQo6S

ANDRÉ
RUNGIS

VITAMINON
ZI du Perla
69009 LYON
FR 13 526 458 789

Rungis, le 20/07 **FACT n° 456**

Fruits Cat 1	890,00
Légumes Cat 2	785,00
Rabais exceptionnel	50,00
Total	
Transport	75,00
TVA 5,5 %	
TVA 20 %	
Net à payer TTC	

POTIRON
Marseille

VITAMINON
ZI du Perla
69009 LYON
FR 13 526 458 789

Marseille, le 19/07

Carottes	236,00
Haricots	124,00
Courgettes	548,00
Total	
Transport	75,00
TVA 5,5 %	
TVA 20 %	
Net à payer TTC	

TOMATO
Toulon

VITAMINON
ZI du Perla
69009 LYON
FR 13 526 458 789

Toulon, le 22/07 **FACT n° 78**

Pommes	523,00
Poires	348,00
Abricots	125,00
Total	
Transport	75,00
TVA 5,5 %	
TVA 20 %	
Net à payer TTC	

EL SOL
Camino del gato
BARCELONA
ES 34 678 254 899

VITAMINON
ZI du Perla
69009 LYON
FR 13 526 458 789

Barcelona, le 23/07

Fresas	165,00
Melones	255,00
Total	
Transporte	75,00
IVA	
Total a pagar	

Documentation / Taux de TVA et transport

Conditions de vente	Taux de TVA
Vente « **Franco de port** »	Les frais de transport sont intégrés au prix de vente des marchandises. Ils sont soumis à TVA. Le port n'apparaît pas distinctement sur la facture.
Vente « stipulée **départ** »	Les marchandises voyagent aux risques de l'acheteur. Si le prix du transport n'est pas dissocié du montant de la vente (port forfaitaire effectué par le fournisseur) : TVA au même taux que celui des marchandises. Sinon si le transport est dissocié de la vente (port effectué par un transporteur), TVA à 20 %.
Vente « stipulée **arrivée** »	Les marchandises voyagent aux risques du vendeur. Le transfert de propriété des marchandises s'effectue à la livraison chez le client. Les frais facturés au client représentent un élément du prix de vente imposable. TVA au même taux que celui des marchandises.

Source : *documentation interne du cabinet*

Entraînement 2 ALUISO

Votre ami danois a aussi apporté des factures pour lesquelles il a besoin de vos explications. Il a en effet fait appel à une société (ALUISO) pour des devis concernant des travaux d'isolation dans l'appartement qu'il possède sur Lyon (résidence secondaire dans un immeuble ancien du centre-ville) mais aussi dans le magasin qu'il envisage de prendre dans le centre commercial. La société fait apparaître un taux de TVA de 20% sur le devis des travaux du commerce et de 5,5% sur le devis de l'appartement.

Votre ami voudrait savoir quel est le bon taux de TVA à retenir pour ces travaux.

Documentation Taux de TVA et travaux

Taux de TVA pour les travaux de rénovation d'un logement

Les travaux de rénovation réalisés dans un logement ancien bénéficient de taux de TVA réduits sous certaines conditions. La TVA au taux réduit de 5,5 % ou au taux intermédiaire de 10 % est réservée aux travaux d'amélioration, de transformation, d'aménagement et d'entretien sur les logements d'habitation achevés depuis plus de 2 ans.

Quels sont les locaux concernés par un taux réduit de TVA ?

Pour pouvoir bénéficier d'un taux réduit de TVA, les locaux doivent être achevés **depuis plus de 2 ans** au début des travaux **et** affectés à l'habitation **uniquement**. Que ce soit une résidence principale ou secondaire, ou qu'ils soient détenus, loués ou occupés à titre gratuit.

Si le logement ne remplit pas ces conditions, les travaux sont soumis au taux normal de **20 %**.

Quels sont les travaux concernés par un taux réduit de TVA ?

Taux de TVA applicables selon la nature des travaux		
Nature des travaux	**Exemples**	**Taux**
Travaux d'amélioration, de transformation, d'aménagement ou d'entretien	• Travaux d'urgence portant sur une chaudière collective ou sur un ascenseur. Toutefois, il ne faut pas que les travaux aboutissent au remplacement de l'équipement et donc à la livraison d'un nouvel équipement. • Travaux permettant l'alimentation en eau d'un immeuble à usage d'habitation achevé depuis 2 ans • Travaux d'évacuation des eaux pluviales • Travaux de clôture, pose d'un portail	Intermédiaire à **10 %**
Travaux de rénovation ou d'amélioration énergétique	Pose, installation et entretien de matériaux et équipements d'économie d'énergie, respectant des caractéristiques techniques et des critères de performances minimales : chaudière à condensation, pompe à chaleur autre que air/air, isolation thermique, appareil de régulation de chauffage ou de production d'énergie renouvelable, etc.	Réduit à **5,5 %**
Travaux induits, indissociablement liés aux travaux d'efficacité énergétique	Déplacement de radiateurs ou dépose de sols Les autres travaux de rénovation ou d'ordre esthétique (habillage d'un insert, pose de papier peint, etc.) en sont exclus.	Réduit à **5,5 %**

Source : *http://vosdroits.service-public.fr/professionnels-entreprises/F23568.xhtml*

CHAPITRE 6

TVA collectée : exigibilité

- 3.2.1 Préparation de la déclaration de TVA
- 3.2.4 Conseil en matière de régime et d'options de TVA

Compétence

- Découvrir les règles d'exigibilité de la TVA selon les opérations réalisées par les entreprises.

Notions clés

- Exigibilité
- Option pour les débits

PLAN

Activités

À l'aide des **fiches ressources**, réalisez les différentes activités proposées.

1 Exigibilité et TVA
2 Exigibilité et TVA / Livraisons de biens
3 Exigibilité et TVA / Livraisons de biens et services
4 Fait générateur et TVA

Fiche ressources

1 Exigibilité et TVA
2 Exigibilité et fait générateur

Révision

1 À retenir
2 Testez-vous

Entraînements

Pour aller plus loin

EXIGIOBIS

Activité 1

Exigibilité et TVA

1 **Qu'est-ce que l'exigibilité ? L'exigibilité est-elle la même en matière de TVA pour toutes les opérations ? Donner des exemples précis.**

2 **Qu'est-ce que l'option pour les débits ? Quelles sont les entreprises concernées par cette option ? Quelles sont les conséquences de cette option pour les entreprises ?**

Activité 2

Exigibilité et TVA / Livraisons de biens

L'entreprise lyonnaise MEUBLOGAM est une petite entreprise lyonnaise spécialisée dans le négoce de mobilier haut de gamme, tous soumis au taux normal de TVA.

Elle vous communique les éléments suivants et vous demande de calculer la TVA collectée la première semaine du mois d'octobre :

02 oct : livraison et facturation d'une table verre et alu 3 500 € HT. Remise 10 %, escompte 1 % car payée le jour même par le client.

02 oct : livraison et facturation d'un fauteuil 1 500 € HT.

03 oct : acompte reçu sur commande d'un canapé 500 €.

04 oct : livraison et facturation d'un tabouret 900 € HT. Remise 2 %.

04 oct : livraison et facturation d'un buffet 2 500 € HT.

05 oct : acompte reçu sur commande d'une table 800 €.

06 oct : livraison et facturation d'un canapé 1 800 € HT

3 Complétez le tableau ci-contre.

	VENTES HT	TVA
02-oct		
vte table		
02-oct		
vte fauteuil		
03-oct		
acompte canapé		
04-oct		
vte tabouret		
04-oct		
vte buffet		
05-oct		
acompte table		
06-oct		
vte canapé		

Activité 3 — Exigibilité et TVA / Livraison de biens et services

La société lyonnaise WATERLYON a pour activité la vente et la maintenance de Spas (taux normal) et n'a formulé aucune option en matière de TVA à ce jour. Cette société est soumise au régime réel normal en matière de TVA.

4 **Analysez les opérations suivantes en déterminant le montant de TVA collectée et le mois d'exigibilité pour chaque opération.**

1/ Livraison et facturation d'un Spa sur Lyon

- 3 000 € HT remise 5 %
- Date livraison : 9 octobre
- Date facturation : 9 octobre
- Date encaissement : 9 novembre

TVA collectée : ....

....

Mois d'exigibilité pour chaque opération : ....

....

2/ Vente et installation d'un Spa en région lyonnaise

- SPA 4 500 € HT
- Installation 200 € HT
- Date prestation : 15 octobre
- Date facturation : 20 octobre
- Date encaissement : 20 novembre

TVA collectée : ....

....

Mois d'exigibilité pour chaque opération : ....

....

3/ Livraison et facturation d'un Spa à Rome, le client a fourni son n° intracommunautaire

- 5 000 € HT
- Date prestation : 10 octobre
- Date facturation : 10 octobre
- Date encaissement : 10 novembre

TVA collectée : ....

....

Mois d'exigibilité pour chaque opération : ....

....

4/ Acompte sur maintenance d'un Spa

- Client Dupont (Lyon)
- 2 000 € TTC
- Date encaissement : 1er octobre

TVA collectée : ....

....

Mois d'exigibilité pour chaque opération : ....

....

5/ Maintenance d'un Spa

- Client Dupont (Lyon)
- 5 500 € HT (acompte reçu 1er octobre)
- Date prestation : 20 octobre
- Date facturation : 20 octobre
- Date encaissement : 20 novembre

TVA collectée : ....

....

Mois d'exigibilité pour chaque opération : ....

....

Activité 4 — Fait générateur et TVA

5 Expliquez la différence entre la notion de fait générateur et celle d'exigibilité.

6 On suppose que le taux normal de TVA est passé de 20 % à 21 % (fiction) le 01/12. On vous demande de déterminer le taux de TVA qui va s'appliquer pour les opérations suivantes réalisées par un concessionnaire automobile :

- livraison le 15/12 d'un véhicule commandé en novembre par le client Durant ;
- réparation d'un véhicule entré à l'atelier fin novembre et dont la réparation est finie le 10/12.

1 EXIGIBILITÉ ET TVA

A Définition et règles générales

L'exigibilité est la date à laquelle le Trésor public est en droit de réclamer le paiement de la taxe. Dans les faits, c'est la date à laquelle la TVA peut est prise en compte dans la déclaration de TVA.

Les règles divergent pour les biens et prestations de services.

Nature de l'opération	Exigibilité
Livraisons de biens	Livraison (dans les faits, on retient la date de facture)
Prestations de services et travaux immobiliers	Encaissement du prix sauf option pour la TVA d'après les débits

QUE FAIRE EN CAS D'ACOMPTE ?

Les factures émises AVANT la livraison pour une vente de bien ou l'achèvement de la prestation de service sont considérées comme des ACOMPTES.

Une facture d'acompte entraine toujours l'exigibilité de la TVA pour le fournisseur.

B Option pour le paiement de la TVA d'après les débits

Principe de la TVA d'après les débits

De manière à faciliter le traitement administratif de la TVA, les entités facturant des livraisons de biens et des prestations (ou travaux immobiliers) peuvent opter pour le régime de la TVA sur les débits, afin que la TVA devienne exigible lors de la facturation. Grâce à cette option, biens et prestations de services sont exigibles au même moment, à la date de facture. Cette option est ouverte à toutes les entreprises prestataires de services.

Modalités

Les redevables souhaitant opter pour la TVA d'après les débits doivent le demander par écrit auprès du service des impôts dont ils relèvent pour la TVA. L'option est globale et prend effet à compter du premier jour du mois suivant celui au cours duquel elle a été exercée.

L'entreprise doit indiquer cette option sur ses factures par la mention « Paiement de la TVA d'après les débits » (article 269-2 c du CGI et art. 77 de l'annexe III au CGI). Il ne s'agit plus d'une mention obligatoire mais il est recommandé de la mentionner afin d'informer les clients et de leur permettre d'exercer leurs droits à déduction dès réception de la facture.

La TVA devient exigible dès la date de facture mais également lors de versements d'avances ou acomptes. Ainsi, même si le redevable a pris l'option d'après les débits, les versements effectués avant la réception de la facture entraînent l'exigibilité de la TVA (doc. adm. 3 B 272-6).

Avantages de l'option

- Pour le fournisseur : les dates d'exigibilité des livraisons de biens et des prestations de services sont identiques, ce qui simplifie les obligations administratives et comptables.
- Pour le client : l'option permet de déduire la TVA plus rapidement, dès la date de facture, sans attendre le règlement.

Inconvénient de l'option

Pour le fournisseur, du point de vue de la trésorerie, la TVA sur les encaissements est préférable puisqu'elle conduit à ne collecter la TVA qu'au moment de l'encaissement (et à la reverser le mois suivant au Trésor public). L'option d'après les débits conduit à collecter la TVA dès la facturation d'où une avance de trésorerie entre le mois de la facture et le mois de l'encaissement.

Source : *Extrait legifiscal.fr http://www.legifiscal.fr/fiche-pratique/taxe-valeur-ajoutee-tva/exigibilite-tva-exigible.html*

2 EXIGIBILITÉ ET FAIT GÉNÉRATEUR

Le fait générateur est l'évènement qui fait naître une créance au profit du Trésor.

Pour déterminer le taux applicable aux opérations, il faut prendre en compte le fait générateur.

L'exigibilité est la date à laquelle le Trésor public est en droit de réclamer le paiement de la taxe. Dans les faits, c'est la date à laquelle la TVA peut est prise en compte dans la déclaration de TVA.

Nature de l'opération	Fait générateur
Livraisons de biens	Livraison
Prestations de services et travaux immobiliers	Achèvement de la prestation de service

Source : *Extrait vosdroits.service-public.fr http://vosdroits.service-public.fr/professionnels-entreprises/F31412.xhtml*

À RETENIR

Le fait générateur sert à fixer le taux en vigueur.

L'exigibilité détermine le mois d'exigibilité pour le fournisseur et le mois de déductibilité pour le client.

OPÉRATION DE VENTE DE BIEN MEUBLE
EXIGIBILITÉ = FACTURATION

ACOMPTE REÇU À LA COMMANDE	FACTURATION CLIENT	ENCAISSEMENT CLIENT
TVA COLLECTÉE	TVA COLLECTÉE	PAS DE TVA COLLECTÉE

OPÉRATION DE PRESTATION DE SERVICE
EXIGIBILITÉ = ENCAISSEMENT

ACOMPTE REÇU À LA COMMANDE	FACTURATION CLIENT	ENCAISSEMENT CLIENT
TVA COLLECTÉE	PAS DE TVA COLLECTÉE	TVA COLLECTÉE

OPÉRATION DE PRESTATION DE SERVICE OPTION SUR LES DÉBITS
EXIGIBILITÉ = FACTURATION

ACOMPTE REÇU À LA COMMANDE	FACTURATION CLIENT	ENCAISSEMENT CLIENT
TVA COLLECTÉE	TVA COLLECTÉE	PAS DE TVA COLLECTÉE

ATTENTION : le montant de l'acompte est un montant TTC. La TVA se calcule sur le HT.

TESTEZ-VOUS !

https://eqrcode.co/a/XrQ1yA

Ce questionnaire est également disponible en ligne.

Complétez le tableau suivant :

	TVA COLLECTÉE		
	OCTOBRE	NOVEMBRE	DÉCEMBRE
1 Ventes de marchandises au client TITO de Lyon : Commande : 10/10 avec acompte Facture : 15/11 Règlement : 10/12			
2 Achats de marchandises à un fournisseur chinois : Commande : 10/10 Passage en douane : 09/11 Livraison : 12/11 Règlement : 10/12			
3 Achats de marchandises à un fournisseur italien : Commande : 10/10 Livraison : 30/10 Facture : 15/11 Règlement : 10/12			
4 Prestations de services sans option : Acompte commande : 05/10 Réalisées : 30/10 Facturées : 15/11 Payées : 10/12			
5 Prestations de services avec option pour les débits : Acompte cd-e : 05/10 Réalisées : 30/10 Facturées : 15/11 Payées : 10/12			

ENTRAÎNEMENTS

Entraînement 1 SILCA

Le garage SILCA, SARL au capital de 45 000 € a pour activité l'achat et la vente de véhicules neufs, de pièces détachées et la réparation de véhicules automobiles. Le garage est concessionnaire d'une marque française d'automobile. La comptable du garage est en arrêt maladie suite à une vilaine grippe et la secrétaire a donc fait passer les documents nécessaires au cabinet afin que ce dernier établisse la déclaration de TVA du mois de novembre.

La clientèle du garage est composée de particuliers mais aussi de nombreuses entreprises (qui font appel au GARAGE SILCA pour l'entretien de leur flotte de véhicules ou l'acquisition de véhicules de tourisme ou utilitaires).

Le GARAGE SILCA relève du régime réel normal en matière de TVA et est soumis à l'impôt sur les sociétés en matière d'imposition des bénéfices.

En matière de TVA :

- il n'a pas opté pour la TVA sur les débits concernant l'activité d'entretien et de réparation ;
- les différentes activités sont taxées au taux de 20 %.

Comptes de TVA :

445620	TVA déductible sur immobilisations
445640	TVA déductible sur encaissements
445660	TVA déductible s/ autres biens et services
445710	TVA collectée 20 %
445740	TVA collectée en attente d'encaissement

collaborateur.xlsx

BI MÉDIA

https://eqrcode.co/a/NrcmsY

1 Préparez la déclaration de TVA du mois de novembre en complétant les feuilles de travail d'un collaborateur du cabinet COMPTASUP (disponibles sur Excel feuille de travail collaborateur.xlsx). Vous disposez du tableau complété par la secrétaire du garage.

2 Dans un second temps, préparez la déclaration de TVA du mois de novembre en supposant que le garage a opté pour les débits et vous commenterez en développant les avantages et les inconvénients de l'option pour les débits pour l'entreprise.

Entraînements

Données de novembre SILCA

GARAGE SILCA	Total du 01/11/ au 30/11/		Solde au 30/11/	
	Débit	**Crédit**	**Débit**	**Crédit**
COMPTES TVA				
445620 TVA déductible sur immobilisations				
445640 TVA déductible sur encaissements	1 805,60	531,60	1 274,00	
445660 TVA déductible s/ autres biens et services	174 440,00		174 440,00	
445710 TVA collectée 20 %		217 227,41		217 227,41
445740 TVA collectée en attente d'encaissement	16 427,43	24 978,12	8 550,69	
....	....	....	....	....
VENTES HT NOVEMBRE				
706000 Prestations d'entretien et de réparations		124 890,60		124 890,60
707120 Ventes véhicules particuliers neufs		846 312,10		846 312,10
707130 Ventes véhicules utilitaires neufs		29 687,80		29 687,80
707620 Ventes pièces détachées	2 452,40	130 452,40		128 000,00
....	....	....	....	....
ENCAISSEMENTS TTC NOVEMBRE				
Encaissements prestations d'entretien et réparations	98 564,60			
Encaissements ventes véhicules particuliers neufs	786 512,40			
Encaissements ventes véhicules utilitaires neufs	15 458,00			
Encaissements ventes pièces détachées	156 456,90			

Feuille de travail du collaborateur / Sans option

DOSSIER SILCA

MOIS NOVEMBRE

	ENCAISSEMENTS TTC	**HT**	**TVA**		
Prestations d'entretien et réparations					
Ventes véhicules particuliers neufs					
Ventes véhicules utilitaires neufs					
Ventes pièces détachées				Solde compte 44571	
	TOT TVA COLLECTÉE				Pour contrôle

SOLDE COMPTE 44562	
SOLDE COMPTE 44566	
CRÉDIT TVA mois précédent	
TOT TVA DÉDUCTIBLE	
TVA À PAYER	

Feuille de travail du collaborateur / Avec option

DOSSIER SILCA

MOIS NOVEMBRE

	ENCAISSEMENTS TTC	HT	TVA		
Prestations d'entretien et réparations					
Ventes véhicules particuliers neufs					
Ventes véhicules utilitaires neufs					
Ventes pièces détachées				Solde compte 44571	
	TOT TVA COLLECTÉE				Pour contrôle

SOLDE COMPTE 44562	
SOLDE COMPTE 44566	
CRÉDIT TVA mois précédent	
TOT TVA DÉDUCTIBLE	
TVA À PAYER	

Analyse :

Entraînement 2 DECOPLUS

L'entreprise lyonnaise DÉCOPLUS est spécialisée dans la vente de peinture et effectue également des travaux de peinture et de décoration intérieure.

➢ DÉCOPLUS est soumise au régime réel normal d'imposition en matière de TVA et doit établir des déclarations de TVA CA3 tous les mois.

➢ DÉCOPLUS réalise des opérations avec des partenaires européens, tous membres de l'UE. Elle dispose à chaque fois des numéros d'identification des clients et remplit toutes les formalités nécessaires.

➢ DÉCOPLUS n'a à ce jour formulé aucune option en matière de TVA.

➢ Toutes les opérations sont soumises au taux normal de TVA.

➢ Opérations :

- 02/11 : Acompte de 500 € reçu d'un client pour une commande de peinture.
- 05/11 : Vente et facturation de peinture à la société lyonnaise Durand pour 4 200 € HT.
- 10/11 : Facture n° 8690 d'un montant de 9 500 € HT, adressée à la société Phano, correspondant à des travaux de décoration des bureaux effectués en octobre. La société Phano avait déjà versé un acompte de 20 % du montant total au début des travaux en octobre. Elle versera le solde au 31/12.
- 20/11 : Réception facture suite à un achat de peinture à la société italienne Coloro : 6 000 € HT.
- 25/11 : Vente et facturation de peinture à un artisan lyonnais : 900 € HT ; règlement sous huitaine.
- 25/11 : Facture n° 8693 à la société Velcros, pour la location de matériels pendant une semaine ; montant de 110 € HT, réglés immédiatement.
- 30/11 : Facture n° 8691 adressée au garage Silca concernant la décoration des bureaux, règlement fin décembre :
  - travaux de décoration : 2 350 € HT ;
  - fourniture de peinture : 3 150 € HT.
- 30/11 : Facture pour vente de peinture et de papiers peints à un client espagnol : 12 000 € HT. Règlement au 20/12.
- 30/11 : Réception d'un règlement de 1 320,00 € TTC du client Putoi, pour solde de divers travaux effectués dans son entreprise. La facture date de septembre.
- 30/11 : Règlement partiel sur les travaux 1 000 € reçu du client Silca.

1 **Complétez le tableau en page suivante.**

2 **Le gérant de DECOPLUS hésite à opter pour les débits en ce qui concerne ses prestations de services. Vous allez donc lui envoyer un courrier sur les avantages et les inconvénients de l'option pour les débits dans le cas de son entreprise DECOPLUS. Vous illustrerez vos propos en prenant des exemples chiffrés parmi les opérations précédentes.**

Annexe 1 Tableau à compléter

Dates	Opérations	TVA collectée (calcul et montant)	Règle exigibilité
02/11			
05/11			
10/11			
20/11			
25/11			
25/11			
30/11			
30/11			
30/11			
30/11			
30/11			

Annexe 2 Courrier à compléter

Cabinet d'Expertise Comptable Comptasup
45 rue Victor Duluay
69002 Lyon
Tél 04 78 .. .. ..

Entraînement 3 LABOR d'après extrait de BTS / Ministère de l'enseignement supérieur, de la recherche et de l'innovation-2017

La société anonyme LABOR, dont le siège social est situé à Lyon, est née de la fusion en 2002 de deux laboratoires pharmaceutiques. Poursuivant sa stratégie de développement, elle a absorbé en 2017 une société ayant une clientèle étrangère importante.

La SA LABOR a plusieurs activités :

- la fabrication de médicaments et de produits de phytothérapie (à base de plantes),
- la vente de matériel médical : seringues, poches pour perfusion, flacons, etc.,
- la réalisation de prestations de services : études pour des laboratoires de cosmétologie.

La SA LABOR emploie 121 personnes et son chiffre d'affaires s'élève à 88 millions d'euros.

Ses fournisseurs sont situés dans l'Union européenne.

Dix à vingt nouveaux produits sont lancés sur le marché chaque année. La stratégie de développement de l'entreprise est également basée sur une politique dynamique d'investissement en matériels performants.

Le service comptable que vous venez d'intégrer en tant qu'assistant(e) comptable, est dirigé par Madame Dijoin.

L'exercice comptable de l'entreprise coïncide avec l'année civile.

La SA LABOR est assujettie au taux réduit de TVA à 5,5 % pour certains produits (médicaments et appareillages pour handicapés) et au taux normal de TVA à 20 % pour le reste de ses activités. Aucun médicament ne bénéficie du taux particulier de TVA à 2,1%. L'entreprise relève du régime réel normal et n'a pas opté pour acquitter la TVA sur les débits.

La SA LABOR relève du régime réel normal d'imposition à la TVA. Elle doit donc établir chaque mois une déclaration de TVA CA3.

Mme Dijoin vous demande d'effectuer les travaux relatifs à la TVA de novembre.

À partir des annexes, justifiez les montants de la déclaration de TVA du mois de novembre en complétant le tableau de l'annexe 3.

Les numéros d'identification intracommunautaire des clients et des fournisseurs ont été fournis. Toutes les formalités ont été accomplies.

Annexe 1 Tableau des données comptables relatives à la déclaration de TVA

	Extrait des journaux des Achats et Ventes charges ou produits (montants HT)	Extrait des journaux de banque et de caisse (montants TTC) : encaissements ou décaissements
	NOVEMBRE	NOVEMBRE
Ventes et prestations de services		
Ventes France		
– médicaments et appareillages pour handicapés	2 087 231,00	2 345 362,56
– autres ventes de biens	1 253 548,00	1 784 374,89
Ventes Union européenne :		3 581 124,38
– médicaments et appareillages pour handicapés	2 048 595,00	
– autres ventes de biens	1 365 730,00	
Ventes Hors Union européenne :		3 197 649,72
– médicaments et appareillages pour handicapés	2 272 877,00	
– autres ventes de biens	974 090,00	
Prestations de services réalisées en France	675 437,00	639 774,8
Achats de biens et services		
Achats France 20 %	567 543,00	654 756,45
Achats France 5,5 %	1 987 674,00	1 875 997,66
Achats Union européenne 20 %	1 546 432,00	1 325 372,38
Achats Union européenne 5,5 %	764 729,00	742 546,74
Prestations de services 20 % (les fournisseurs n'ont pas opté pour les débits)	764 819,00	825 997,13
Prestations de services 20 % (les fournisseurs ont opté pour les débits)	124 674,00	135 243,67
Achats d'immobilisations		
Achats immobilisations 20 %	488 743,00	287 887,00

Annexe 2 Extrait déclaration CA3

A MONTANT DES OPÉRATIONS RÉALISÉES

	OPÉRATIONS TAXÉES (HT.)				OPÉRATIONS NON TAXÉES		
A1	Ventes, prestations de services	0979	3 873 925	E1	Exportations hors UE	0032	3 246 967
A2	Autres opérations imposables	0981		E2	Autres opérations non imposables	0033	
A3	Achats de prestations de services intracommunautaires (article 283-2 du code général des impôts)	0044		E3	Ventes à distance taxables dans un autre État membre au profit des personnes non assujetties	0047	
A4	Importations (autres que les produits pétroliers)	0056		E4	Importations (autres que les produits pétroliers)	0052	
A5	Sorties de régime fiscal suspensif (autres que les produits pétroliers)	0051		E5	Sorties de régime fiscal suspensif (autres que les produits pétroliers)	0053	
B1	Mises à la consommation de produits pétroliers	0048		E6	Importations placées sous régime fiscal suspensif (autres que les produits pétroliers)	0054	
B2	Acquisitions intracommunautaires	0031	2 311 161	F1	Acquisitions intracommunautaires	0055	
B3	Livraisons d'électricité, de gaz naturel, de chaleur ou de froid imposables en France	0030		F2	Livraisons intracommunautaires à destination d'une personne assujettie	0034	3 414 325
B4	Achats de biens ou de prestations de services réalisés auprès d'un assujetti non établi en France (article 283-1 du code général des impôts)	0040		F3	Livraisons d'électricité, de gaz naturel, de chaleur ou de froid non imposables en France	0029	
B5	Régularisations (important : cf. notice)	0036		F4	Mises à la consommation de produits pétroliers	0049	
				F5	Importations de produits pétroliers placées sous régime fiscal suspensif	0050	
				F6	Achats en franchise	0037	
				F7	Ventes de biens ou prestations de services réalisées par un assujetti non établi en France (article 283-1 du code général des impôts)	0043	
				F8	Régularisations (important : cf. notice)	0039	

B DÉCOMPTE DE LA TVA À PAYER

	TVA BRUTE		Base hors taxe	Taxe due
	Opérations réalisées en France métropolitaine			
08	Taux normal 20 %	0207	3 333 126	666 625
09	Taux réduit 5,5 %	0105	2 851 960	156 858
9B	Taux réduit 10 %	0151		

Annexe 3 Tableau à compléter : contrôle de la déclaration de TVA CA3

LIGNES	MONTANTS	CALCULS ET JUSTIFICATIONS
A : MONTANT DES OPÉRATIONS RÉALISÉES		
Ligne A1 Ventes, prestations de services	3 873 925	
Ligne B2 Acquisitions intracommunautaires	2 311 161	
B : DÉCOMPTE DE LA TVA À PAYER		
Ligne 08 BASE TVA COLLECTÉE Taux 20 %	3 333 126	
Ligne 09 BASE TVA COLLECTÉE Taux 5,5 %	2 851 960	

Les autres lignes de la déclaration de TVA ont été vérifiées ; les montants déclarés sont exacts.

POUR ALLER PLUS LOIN

EXIGIOBIS

L'entreprise dans laquelle vous travaillez s'approvisionne régulièrement auprès d'un fournisseur italien.

TRAVAIL À FAIRE

Déterminez la date d'exigibilité de ces acquisitions intracommunautaires selon les cas en complétant le tableau suivant

Date livraison	10/09	**30/09**	01/10	**15/10**
Date facturation	10/10	**20/11**	15/10	**05/12**
Mois exigibilité				

DOCUMENTATION Introduction : acquisition intracommunautaire

L'article 269-2-d du CGI prévoit que pour les acquisitions intracommunautaires de biens, la taxe devient exigible le 15 du mois suivant celui au cours duquel est intervenu le fait générateur ou lors de la délivrance de la facture ou du document en tenant lieu lorsque cette facture ou ce document ont été délivrés à l'acquéreur avant le 15 du mois suivant celui au cours duquel est intervenu le fait générateur.

L'article 289-i-1 du CGI prévoit l'obligation pour tout assujetti de délivrer une facture pour les livraisons intracommunautaires de biens exonérées effectuées ainsi que pour les acomptes demandés avant la réalisation du fait générateur de ces opérations.

Pour les acquisitions intracommunautaires, la taxe est donc exigible :
- le 15 du mois suivant celui au cours duquel est intervenu le fait générateur ;
- ou lors de la délivrance de facture au titre de l'opération effectuée lorsque la facture est délivrée avant le 15 du mois qui suit celui au cours duquel est intervenu le fait générateur.

Source : https://bofip.impots.gouv.fr/bofip/241-PGP.html/identifiant%3DBOI-TVA-BASE-20-30-20120912

TVA déductible

CHAPITRE 7

3.2.1 Préparation de la déclaration de TVA

Compétence

- Découvrir si les entreprises peuvent toujours récupérer la TVA payée sur leurs achats et quand elles peuvent déduire cette TVA.

Notions clés

- Droit à déduction
- Exclusion du droit à déduction
- Crédit de TVA

PLAN

Activités

À l'aide des **fiches ressources**, réalisez les différentes activités proposées.

1 Quand déduire la TVA ?

2 Règles de déduction de la TVA

Fiche ressources

1 Quand déduire la TVA ?

2 Exclusions du droit à déduction de la TVA

Révision

1 À retenir

2 Testez-vous

Entraînements

Pour aller plus loin

Que faire en cas d'oubli d'une TVA déductible sur la déclaration ?

Activité 1

Quand déduire la TVA ?

1 Il vous est demandé d'analyser certaines factures reçues par l'entreprise commerciale DECOLY, soumise au régime normal de TVA, afin de savoir à quel moment la TVA mentionnée sur les factures peut être récupérée. Vous compléterez le tableau suivant :

FACTURE	TVA DÉDUCTIBLE EN :	JUSTIFICATION

Annexe Factures reçues à analyser

PEINTURA SAS
PARIS
DECOLY
FR 69 458 123 989
Paris, le 20/11

Pots peintures qualité médium			
HT	250	30	7 500,00
TVA 20 %			1 500,00
TTC			9 000,00

BURO PLUS
LYON
DECOLY
FR 69 458 123 989
Lyon, le 22/11

Papeteries diverses 45 €

SII DU ROY
LYON
DECOLY
FR 69 458 123 989
Lyon, le 22/11

Maintenance système informatique	
HT	850,00
TVA 20 %	170,00
TTC	1 020,00

DECURO
Roma, Italia
IT 90 895 789 347 DECOLY
FR 69 458 123 989
ROMA, il 12/11

articoli diversi 2 360 €

Articles divers de décoration

POURPROPRE
Lyon
DECOLY
FR 69 458 123 989
Lyon, le 23/11

Nettoyage des locaux	
HT	165,00
TVA 20 %	33,00
TTC	198,00

TVA d'après les débits

DARTY
LYON
DECOLY
FR 69 458 123 989
Lyon, le 23/11

Imprimante Epson	
HT	350,00
TVA 20 %	70,00
TTC	420,00

Activité 2

Règles de déduction de la TVA

2 Un collaborateur du cabinet comptable dans lequel vous travaillez vous demande ensuite d'analyser certaines factures, toutes reçues de fournisseurs français, afin de savoir si l'entreprise DECOLY peut ou non récupérer la TVA. Vous compléterez le tableau suivant :

FACTURE	TVA DÉDUCTIBLE OUI OU NON	JUSTIFICATION
1		
2		
3		
4		
5		
6		
7		
8		
9		
10		
11		
12		

Annexe Factures reçues à analyser

1

DECOLY
FR 69 458 123 989
Lyon, le 20/11

Peugeot 208 diesel	9 500,00
TVA 20 %	1 900,00
TTC	11 400,00

2

DECOLY
FR 69 458 123 989
Lyon, le 22/11

Nuitée d'hôtel	60,00
Repas midi (sans alcool)	20,00
TVA 10 %	8,00
TTC	88,00
Frais du commercial de DECOLY	

3

DECOLY
FR 69 458 123 989
Lyon, le 22/11

1 000 stylos au nom	500,00
TVA 20 %	100,00
TTC	600,00
Cadeaux clients	

4

DECOLY
FR 69 458 123 989
Lyon, le 22/11

Gazole	40,00
TVA 20 %	8,00
TTC	48,00
Plein 208	

5

DECOLY
FR 69 458 123 989
Lyon, le 23/11

Ordinateur ASUS	500,00
TVA 20 %	100,00
TTC	600,00

6

DECOLY
FR 69 458 123 989
Lyon, le 23/11

Rametttes papier	25 €

7

DECOLY
FR 69 458 123 989
Lyon, le 24/11

Peugeot Boxer	15 000,00
TVA 20 %	3 000,00
TTC	18 000,00
Camionnette pour les livraisons	

8

DECOLY
FR 69 458 123 989
Lyon, le 24/11

Gazole	60,00
TVA 20 %	12,00
TTC	72,00
Plein Peugeot Boxer	

9

DECOLY
FR 69 458 123 989
Lyon, le 24/11

Sans plomb 98	35,00
TVA 20 %	7,00
TTC	42,00
Plein ancienne Clio	

10

DECOLY
FR 69 458 123 989
Lyon, le 25/11

100 bouteilles grands crus	6 500,00
TVA 20 %	1 300,00
TTC	7 800,00
À offrir aux 100 meilleurs clients PRO	

11

DECOLY
FR 69 458 123 989
Lyon, le 25/11

Nuitée d'hôtel	80,00
Petit déjeuner	15,00
TVA 10 %	9,50
TTC	104,50
Venue d'un fournisseur à DECOLY	

12

DECOLY
FR 69 458 123 989
Lyon, le 25/11

4 repas	90,00
TVA 10 %	7,00
TVA 20 %	4,00
TTC	101,00
Repas avec fournisseur et responsables de DECOLY	

1 QUAND DÉDUIRE LA TVA ?

En contrepartie de votre obligation de collecter la TVA sur vos ventes ou vos prestations, vous pouvez déduire la TVA que vous payez sur vos achats professionnels. Toutefois, vous devez pour cela respecter certaines conditions.

Mécanisme et conditions de la déduction

Les professionnels peuvent récupérer la TVA supportée sur leurs achats réalisés dans le cadre de leur activité. Grâce à ce mécanisme de déduction, vous ne reversez que la TVA nette correspondant à la valeur ajoutée créée par votre entreprise.

Vous ne pouvez déduire la TVA payée sur vos achats, que dans le respect des conditions suivantes.

- **Votre TVA déductible doit être justifiée :**
    - vous devez être en possession d'un document justificatif (en général une facture) sur lequel figure la TVA que vous entendez déduire.
- **Elle ne peut être déduite avant une certaine date :**
    - la TVA n'est déductible que lorsqu'elle est devenue exigible chez votre fournisseur ;
    - en pratique, cela veut dire que la TVA ne peut être déduite qu'au titre du mois au cours duquel est intervenu soit l'acquisition pour les biens, soit le paiement pour les services.
- Les biens et services achetés, doivent être **nécessaires à votre exploitation** et ne pas faire l'objet d'une utilisation privative supérieure à 90 %.

La taxe déductible relative à chaque bien ou service est déterminée en proportion de son « **coefficient de déduction** », formule synthétique tenant compte à la fois de son degré d'utilisation pour des opérations ouvrant droit à déduction et des restrictions éventuelles prévues par la loi ou le règlement.

Source : *https://www.impots.gouv.fr/portail/professionnel/questions/comment-deduire-la-tva-sur-mes-achats*

2 EXCLUSIONS DU DROIT À DÉDUCTION DE LA TVA

Biens et services exclus	Exceptions/commentaires
Dépenses de transport ou d'hébergement engagées au profit des dirigeants et du personnel de l'entreprise	*Exceptions :* Fourniture gratuite de logement sur les chantiers, dans les locaux d'une entreprise pour le personnel de surveillance, de sécurité ou de gardiennage.
Dépenses d'acquisition, d'entretien ou de location de moyens de transport de personnes (même les véhicules « break »)	*Exceptions :* Les transports publics, exploitants d'autocars, d'auto-école, de taxis, d'ambulance. Les entreprises de location automobile. Les constructeurs et revendeurs d'automobile. Les véhicules de plus de 9 places destinés à transporter le personnel sur le lieu de travail. Les véhicules utilitaires.
Cadeaux	*Exceptions :* Les biens dont la valeur est inférieure ou égale à 73 € TTC par an et par personne. Les présentoirs publicitaires. Les échantillons publicitaires.
Produits pétroliers. Sont concernés : - l'essence (super avec ou sans plomb) - le gazole et superéthanol	**ESSENCE ET GAZOLE** : La TVA est déductible à 100 % si le carburant est utilisé pour un véhicule ouvrant droit à déduction (véhicule utilitaire) et à 80 % si le véhicule n'ouvre pas droit à déduction (véhicule de tourisme). Remarque : pour le GPL (gaz pétrole liquéfié) et le GNV (gas naturel véhicule) la TVA est toujours déductible.
Lubrifiant	La TVA est déductible si les huiles de graissage sont utilisées pour un véhicule ouvrant droit à déduction et non déductible dans le cas contraire.

À RETENIR

Pour pouvoir déduire la TVA, il faut :

- **un justificatif** (une facture en général) ;
- **les biens et services achetés** doivent être **nécessaires à l'exploitation** ;
- **les biens et services achetés** ne doivent **pas être exclus du droit à déduction** comme :
  - les véhicules de tourisme ;
  - les services liés à des biens eux-mêmes exclus (ex. : entretien d'un véhicule de tourisme) ;
  - les produits pétroliers :
    - la TVA sur le gazole et l'essence est déductible si le carburant est utilisé pour un véhicule ouvrant droit à déduction (véhicule utilitaire) et à 80 % si le véhicule n'ouvre pas droit à déduction (véhicule de tourisme) ;
  - les dépenses de logement et de transport faites au bénéfice des dirigeants ou des salariés de l'entreprise ;
  - les biens cédés gratuitement (cadeaux) ou à un prix inférieur à leur valeur normale si prix d'achat unitaire du cadeau > 73 € TTC.
- **La TVA doit être devenue exigible chez le fournisseur.**

En pratique, cela veut dire que la TVA ne peut être déduite qu'au titre du mois au cours duquel est intervenu soit l'acquisition pour les biens, soit le paiement pour les services (sans option).

TESTEZ-VOUS !

https://eqrcode.co/a/npgiLL

Ce questionnaire est également disponible en ligne.

		OUI	NON
1	Les entreprises peuvent toujours récupérer la TVA payée sur leurs achats.		
2	La TVA sur l'essence est déductible à 100 % s'il s'agit d'un véhicule utilitaire.		
3	Une entreprise peut récupérer la TVA quand elle achète une voiture (véhicule de tourisme).		
4	La TVA sur le gazole est déductible à 100 % s'il s'agit d'un véhicule utilitaire.		
5	Une entreprise peut toujours demander le remboursement de son crédit de TVA.		X
6	Une entreprise peut toujours imputer son crédit de TVA sur les déclarations de TVA des mois suivants.	X	
7	Lors d'un achat de biens, la TVA est déductible lors de la facturation.	X	
8	Lors d'un achat de services, la TVA est toujours déductible lors du paiement au fournisseur.		X

Entraînements

Entraînement 1 DEDUCTIO

Indiquez pour l'ensemble des opérations le montant de la TVA déductible (si besoin, vous rechercherez les taux de TVA applicables aux différentes opérations à l'aide de votre classeur de veille fiscale) :

N°	Opérations	TVA déductible
1	Achat d'une voiture de tourisme mise à la disposition du directeur commercial : 50 000 € HT	
2	Réparation du camion de livraison : 500 € HT	
3	Achat d'un camion neuf : 30 000 € HT	
4	Achat de gazole pour les camions de livraison : 800 € HT	
5	Achat de gazole pour le véhicule de tourisme du directeur : 80 € HT	
6	Achat de SP98 pour les véhicules du personnel : 500 € HT	
7	Frais de déplacement du personnel en avion : 600 € HT	
8	Achats de 50 livres destinés à être offerts aux clients (prix unitaire HT : 30 €)	
9	Frais de restaurant, invitation d'un partenaire important de l'entreprise par le directeur général : 150 € HT	
10	Frais de réception de 30 clients et fournisseurs de l'entreprise sur un total de 50 personnes : 1 900 € HT	
11	Dépense d'hôtel pour 3 cadres de l'entreprise en formation à Paris : 210 € HT	
12	Achat de fioul pour le chauffage des ateliers : 5 000 € HT	

Entraînement 2 SYNTHESIO

L'entreprise SYNTHESIO n'a formulé aucune option en matière de TVA.

1 Calculez la TVA à payer du mois de novembre compte tenu des informations ci-dessous :

	Facturés aux clients HT	Encaissés TTC
Ventes de marchandises 20 %	160 300	186 930
Ventes de marchandises à 5,5 %	15 000	11 605
Ventes de prestations de services	1 200	1 560
	Facturés par les fournisseurs HT	**Décaissés TTC**
Achats de marchandises à 20 %	132 000	87 386
Achats de marchandises à 5,5 %	10 000	9 495
Achats de prestations de services	22 000	37 500
Achats de prestations de services (« option sur les débits »)	1 500	485

Opérations	Calculs	TVA déductible	TVA collectée
Ventes de marchandises 20 %	160 300 x 20%		32 060
Ventes de marchandises à 5,5 %	15000 X 5,5%		825
Ventes de prestations de services	1560 / 1,2 x 20 %		260
Achats de marchandises à 20 %	132 000 x 20	26 400	
Achats de marchandises à 5,5 %		550	
Achats de prestations de services		6250	
Achats de prestations de services (« option sur les débits »)	1500 x 20 %	300	
	TOTAL	33500	33 140

Calcul TVA à payer novembre :

....

Que constatez-vous ?

....

....

2 **On vous demande de rechercher les conséquences du crédit de TVA (355 €) réalisé le mois précédent par l'entreprise SYNTHESIO. Où sera porté ce montant sur la déclaration de novembre ?**

	CRÉDIT				TAXE À PAYER		
25	Crédit de TVA (ligne 23 – ligne 16)	0705	355	28	**TVA nette due (ligne 16 – ligne 23).**		
26	Remboursement de crédit demandé sur formulaire n° 3519 joint	8002		29	Taxes assimilées calculées sur annexe n° 3310 A-SD	9979	
AA	Crédit de TVA transféré à la société tête de groupe sur la déclaration récapitulative 3310-CA3G	8005		AB	Total à payer acquitté par la société tête de groupe sur la déclaration récapitulative 3310-CA3G (lignes 28 + 29)	9991	
27	Crédit à reporter (ligne 25 – ligne 26 – ligne AA) (Cette somme est à reporter ligne 22 de la prochaine déclaration)	8003	355	32	**Total à payer (lignes 28 + 29 – AB)** (N'oubliez pas de joindre le règlement correspondant)		
	Attention ! Une situation de TVA créditrice (ligne 25 servie) ne dispense pas du paiement des taxes assimilées déclarées ligne 29.						

Documentation / Crédit de TVA

Comment s'exerce la déduction ?

La TVA à reverser est calculée par différence entre la TVA collectée sur les opérations imposables (ventes, prestations de services, etc.) et celle déductible sur les achats, charges et immobilisations. Lorsque la TVA à déduire est supérieure à celle perçue, l'entreprise bénéficie d'un crédit de TVA...

Cependant, le remboursement n'est pas obligatoire. L'utilisation du crédit de TVA est laissée à votre appréciation, Vous pouvez choisir soit :

- l'imputation : vous pouvez décider de reporter un crédit de TVA sur les périodes d'imposition suivantes. Le crédit est alors imputé dès que possible sur un solde de TVA à reverser, constaté sur les déclarations déposées ultérieurement ;
- le remboursement : quand, pour des raisons de trésorerie, et sous réserve que les conditions soient remplies, vous choisissez de vous faire rembourser tout ou partie de votre crédit de TVA, vous devez en formuler la demande lors du dépôt d'une déclaration qui fait ressortir ce crédit.

La demande de remboursement

Modalité de remboursement annuel : elle doit être déposée au service des impôts des entreprises au cours du mois de janvier. Cette demande porte sur le crédit apparaissant au 31 décembre de l'année précédente. Pour en obtenir son remboursement, le crédit doit être au moins égal à 150 €.

Modalité de remboursement mensuel : les déclarations mensuelles ou les déclarations trimestrielles doivent faire apparaître un crédit remboursable au moins égal à 760 €.

Lorsque vous demandez le remboursement de votre crédit, celui-ci ne peut évidemment plus être reporté sur les déclarations suivantes.

Source : *https://www.impots.gouv.fr/portail/professionnel/remboursement-de-credit-de-tva*

Entraînement 3 CHAUFF-EST d'après extrait de BTS / MINISTÈRE DE L'ENSEIGNEMENT SUPÉRIEUR, DE LA RECHERCHE ET DE L'INNOVATION - 2017

En 2003, Claude Wernert, artisan électricien et installateur sanitaire est à l'origine de la création de CHAUFF-EST. Il a anticipé l'évolution de la demande en matière de développement durable et de rénovation thermique des bâtiments.

Effectif	36 salariés
Date de clôture de l'exercice comptable	31 décembre de chaque année
Régime fiscal	Régime du réel normal
Imposition des bénéfices	Impôt sur les sociétés
TVA applicable	Taux de TVA applicable selon la nature des travaux facturés (20 %, 10 % ou 5,5 %) L'entreprise n'a pas opté pour la TVA sur les débits

Compte	Intitulé
....	....
....	....
445620	État, TVA déductible sur immobilisations
445661	État, TVA déductible sur ABS à 20 %
445662	État, TVA déductible sur ABS à 10 %
445665	État, TVA déductible sur carburants
445711	État, TVA collectée à 20 %
445712	État, TVA collectée à 10 %
445713	État, TVA collectée à 5,50 %
445800	État, TVA à régulariser
....	....

Avant d'établir la déclaration de TVA relatives aux opérations du mois de novembre, un certain nombre de travaux préparatoires sont à effectuer. L'assistante comptable n'a pas eu le temps de les terminer.

CHAUFF-EST relevant de la TVA sur les encaissements, il reste à solder le compte de TVA à régulariser afin de mouvementer les comptes de TVA collectée. Par ailleurs, le montant de la TVA déductible sur carburants comptabilisé dans le compte 445665 nécessite d'être vérifié.

1 Calculez le montant de la TVA collectée au titre du mois de novembre.

2 Procédez à la régularisation comptable selon les procédures en vigueur chez CHAUFF-EST.

3 Justifiez que le montant de TVA déductible sur carburants correspond bien à la réglementation fiscale en vigueur.

Annexe 1 Extractions du PGI

Requête : cumul et ventilation des règlements des clients par taux de TVA des travaux			
Période du 01/11/2023 au 30/11/2023			
Regroupement comptes	**Taux normal 20 %**	**Taux intermédiaire 10 %**	**Taux réduit 5,5 %**
411100	15 852,60	8 530,32	6 852,33
411200	46 685,17	22 712,69	3 522,51
411300	35 728,57		
411400		3 468,23	4 758,58
419100	13 750,00	22 300,00	
Total des encaissements	**112 016,34**	**57 011,24**	**15 133,42**

Interrogation du compte 445665							
Période : du 01/11/2023 au 30/11/2023							
Date	**Journal**	**N° pièce**	**Libellé**	**Réf.**	**Débit**	**Crédit**	**Solde**
30/11/23	AC	345/11	État, TVA déd. sur carburants	F0126654	348,34		348,34

Annexe 2 Facture de carburants reçu au format PDF le 30/11/2023

TOTAL RAFFINAGE MARKETING
S.A. au capital de 673 778 035 autos
24 Cours Michelet 92069 Paris La Défense Cedex France
SIREN 542 034 921 RCS Nantorro
N° DE TVA: FR73542034921

TOTAL

Votre facture
FRANCE-N° F0126654
Péridocité : mensuelle
Original PDF

Le 30/11/2023

Pour nous joindre
TOTAL Raffinage Marketing
Cartes Pétrolières/Ventes nationales TOT003
562. Avenue du parc de l'île
92029 Nantenre Cedex - France
tél : 01 57 84 XX XX
Notre site : carte-gr.total.fr

CHAUFF-EST SAS
25, Rue Ampère
ZI Nord
68000 COLMAR

Votre référence client
N° 87123456 - K999/A999
CHAUFF-EST SAS
25, Rue Ampère
ZI Nord
N° de TVA : FR01234567890

Relevé cartes GR du 01/11/2023 au 30/11/2023

Les montants sont exprimés en EUR

Produits et services consommés		**Qté**	**Montant HT**	**Taux TVA**	**Montant TVA**	**Montant TTC**
	Gazole Premier	815,24	840,38	20%	168,08	1 008,46
	Essence SSP95	793,00	932,43	20%	186,49	1 118,92
Total Essences & Gazole					**354,57**	**2 127,38**
	GPL	75,75	45,77	20%	9,15	54,92
Total Autres Carburants					**9,15**	**54,92**
Total Produits et services consommés			**1818,58**		**363,72**	**2 182,30**

Cumul par produit et par type de véhicule ***Veuillez vous connecter à votre espace carte-gr.total.fr pour d'autres ventilations***

Gazole - Véhicule utilitaire de moins de 3,5 tonnes	696,06	20%	139,21	835,27
Gazole - Voiture particulière	144,32	20%	28,86	173,18
Essence - Véhicule utilitaire de moins de 3,5 tonnes	692,56	20%	138,51	831,07
Essence - Voiture particulière	239,87	20%	47,97	287,84
GPL - Voiture particulière	45,77	20%	9,15	54,92

	Montant HT	**Montant TVA**	**Montant TTC**
TOTAL Général	**1 818,58**	**363,72**	**2 182,30**

Vous avez opté pour le prélèvement automatique sur votre compte le 30/11/2023

POUR ALLER PLUS LOIN

QUE FAIRE EN CAS D'OUBLI D'UNE TVA DÉDUCTIBLE SUR LA DÉCLARATION ?

Le gérant de DECOLY vous contacte en novembre 2023 car il a découvert des factures d'achat qu'il croyait définitivement perdues. Une facture date de juin 2020 (HT 550 ; TVA 110,00) et la seconde de mars 2021 (HT 200 ; TVA 40,00). Il s'agit de factures d'achats de pots de peinture à des fournisseurs français.

TRAVAIL À FAIRE

Le gérant de DECOLY voudrait savoir s'il peut encore récupérer la TVA payée et non encore déclarée en TVA déductible.

DOCUMENTATION TVA - droit à déduction

III. Délai d'exercice du droit à déduction

30

Les entreprises doivent mentionner le montant de la taxe déductible sur les déclarations qu'elles déposent pour le paiement de la TVA (CGI, ann. II, art. 208).

40

Cette mention doit figurer sur la déclaration afférente au mois désigné au 3 du I de l'article 271 du CGI. Toutefois, à condition qu'elle fasse l'objet d'une inscription distincte, la taxe dont la déduction a été omise sur cette déclaration peut figurer sur les déclarations ultérieures déposées avant le 31 décembre de la deuxième année qui suit celle de l'omission (CGI, annexe II, art. 208).

Pour déduire la TVA dont la déclaration a été omise, il incombe à l'opérateur qui acquitte une facture ne faisant pas apparaître le montant de la taxe déductible, alors qu'il n'ignore pas que le prestataire en est redevable, de se faire délivrer, dans le délai prévu à l'article 208 de l'annexe II au CGI, une facture répondant aux exigences de l'article 289 du CGI.

50

Par deux arrêts du 31 décembre 2008 (n° 305517 et n° 307142), le Conseil d'État a jugé que le délai pour réparer une omission de déclaration de taxe déductible court à compter de l'exigibilité de la taxe chez le fournisseur.

Source : http://bofip.impots.gouv.fr/bofip/1133-PGP.html

CHAPITRE 8

TVA déductible : remise en cause

3.2.1 Préparation de la déclaration de TVA

Compétence

- Découvrir que parfois la TVA déduite par les entreprises peut être remise en cause par l'administration fiscale.

Notions clés

- TVA à régulariser
- Cession de véhicule de tourisme à un négociant en biens d'occasion
- Cession de construction (sans option) après le délai de 5 ans

PLAN

Activités

À l'aide des **fiches ressources**, réalisez les différentes activités proposées.

1 Cession de véhicules
2 Cession de constructions et autres

Fiche ressources

1 TVA et cessions de véhicules
2 TVA et cessions de constructions

Révision

1 À retenir
2 Testez-vous

Entraînements

Activité 1

Cession de véhicules

1 Analysez, en matière de TVA, les cessions de véhicules suivantes réalisées en décembre 2023, par une entreprise commerciale soumise au régime normal de TVA :

Revente de la camionnette commerciale à un particulier pour 2 000€ HT. Cette camionnette avait été acquise le 01/08/2019 pour 12 000 € HT (TVA 20 %).	
Revente d'un véhicule de tourisme acquis pour 12 200 € HT (TVA à 20 %) en 2021, revendu pour 3 000 € HT à un marchand de biens d'occasion.	
Revente d'un véhicule de tourisme pour 3 000 € HT à une autre entreprise. Cette voiture avait été acquise 15 000 € TTC en 2020.	

Activité 2

Cession de constructions et autres

2 Analyser, en matière de TVA, les cessions suivantes réalisées en décembre 2023, par une entreprise commerciale soumise au régime normal de TVA :

Revente d'une construction acquise le 10/12/2008 pour 500 000 € HT (TVA à 19,6 %). Prix de cession : 2 000 000 €.	
Revente d'une construction acquise neuve par l'entreprise en 2021. Valeur d'achat de l'immeuble : 183 000 € HT Prix de cession : 360 000 € HT.	
Revente d'un ordinateur pour 300 € HT (cet ordinateur avait été acquis 1 000 € HT le 15/07/2022).	

1 TVA ET CESSIONS DE VÉHICULES

A Règle

TVA DÉDUITE LORS DE L'ACQUISITION → TVA COLLECTÉE SUR LA CESSION

TVA NON DÉDUITE LORS DE L'ACHAT → CESSION NON SOUMISE A TVA

Véhicule utilitaire : TVA déduite lors de l'achat du véhicule DONC TVA collectée lors de la cession de ce véhicule d'occasion.

Voiture (véhicule de tourisme) : TVA non déduite lors de l'achat DONC pas de TVA collectée lors de la cession de ce véhicule d'occasion.

B Cas particulier : CESSION d'un VÉHICULE DE TOURISME à un négociant en biens d'occasion

Lorsqu'une entreprise cède un véhicule de tourisme à un négociant de biens d'occasion ayant opté pour la TVA et que la cession intervient dans le délai de régularisation, l'entreprise bénéficie d'un complément de déduction.

Conditions :

- La TVA ayant grevé le bien à l'origine n'a pas pu être déduite (exemple : véhicule de tourisme) ;
- La cession doit être soumise à la TVA (cas de vente à un négociant en bien d'occasion ayant opté pour l'imposition à la TVA sur le prix global) ;
- La cession doit intervenir dans un délai de 5 ans suivant l'achat (les années d'achat et de vente comptent pour une année complète).

Complément = TVA non déduite × [(5- nbre années ou fractions d'années de détention) / 5]

C Exemple

Cession le 18/11/2023 d'un véhicule de tourisme à un négociant pour 8 000 €. Ce véhicule avait été acheté 15 000 € HT le 22/05/2021 (TVA 20 %).

PAS DE TVA DÉDUITE LORS DE L'ACHAT DU VÉHICULE (tourisme).

Mais cession à un négociant en biens d'occasion, donc possibilité de collecter la TVA sur la cession (ce qui permettra à l'acheteur de pouvoir déduire cette TVA).

TVA collectée : 8 000 × 20 % = **1 600 €**

ET ALORS COMPLÉMENT TVA DÉDUCTIBLE

2021/2022/2023 : 3 années écoulées (PEU IMPORTE LES MOIS)

TVA déductible (complément) : 15 000 × 20 % × 2/5 = **1 200 €** « 2=5-3 »

2 TVA ET CESSIONS DE CONSTRUCTIONS

A Règle

- **SI CESSION de la CONSTRUCTION dans les 5 ans** de son achèvement **ALORS TVA COLLECTÉE** sur la cession.
- **SI CESSION de la CONSTRUCTION plus de 5 ans** après son achèvement **ALORS PAS de TVA COLLECTÉE** sur la cession, les entreprises peuvent cependant opter pour soumettre cette cession à TVA.

B Cas particulier : CESSION d'une CONSTRUCTION non soumise à TVA (5 ans après son achèvement) pour laquelle la TVA a été déduite lors de l'achat

Lors d'une cession d'immeuble non soumis à la TVA, l'entreprise doit reverser une partie de la TVA initialement déduite si les conditions suivantes sont remplies.

Conditions :

- Le reversement concerne les biens qui ont bénéficié d'une déduction à l'origine. ;
- La cession ne doit pas être soumise à la TVA ;
- La cession doit intervenir dans un délai de régularisation de 20 ans .

C Exemple

Cession 450 000 € le 14/12/2023 d'un immeuble acheté 300 000 € le 22/12/2016 (TVA 20 %).

Immeuble achevé depuis plus de 5 ans DONC **PAS DE TVA COLLECTÉE** SUR LE PRIX DE CESSION.

TVA collectée 0 €

Mais TVA DÉDUITE LORS DE L'ACHAT À REVERSER PARTIELLEMENT :

2023/2022/2021/2020/2019/2018/2017/2016 : 8 années écoulées (peu importe LES MOIS)

TVA à reverser : 300 000*20 %*12/20 = **36 000 €** « 12=20-8 »

ATTENTION : SI OPTION POUR COLLECTER LA TVA SUR LA CESSION :

TVA COLLECTÉE ET PAS DE REVERSEMENT DE TVA

Suite exemple : si option pour TVA sur la cession

TVA collectée : 450 000 *20 % = **90 000 €**

ET PAS DE REVERSEMENT DE TVA INITIALE DÉDUITE

TVA à reverser 0 €

À RETENIR

Principe : TVA DÉDUITE LORS DE L'ACQUISITION → TVA COLLECTÉE SUR LA CESSION
TVA NON DÉDUITE LORS DE L'ACHAT → CESSION NON SOUMISE À TVA

PARTICULARITÉ : CESSION VÉHICULE DE TOURISME

À un négociant en biens d'occasion

OUI

Si cession soumise à TVA
TVA collectée sur le prix de cession
Et complément de TVA déductible
= prix d'achat × tx TVA × (5 - ..../ 5)
règle du 5e

NON

Cession non soumise à TVA
Pas de complément de TVA déductible

PARTICULARITÉ : CESSION CONSTRUCTION

Cession dans les 5 ans*

NON

Si cession non soumise à TVA
reversement de la TVA initialement
Déduite lors de l'achat = prix d'achat × tx TVA × (20 - ..../ 20)
règle du 20e

OUI

Cession soumise à TVA
(TVA collectée sur le prix de cession)
Pas de reversement de la TVA
initialement déduite

*À compter de l'achèvement de l'immeuble

TESTEZ-VOUS !

Ce questionnaire est également disponible en ligne.

https://eqrcode.co/a/Web2Zn

	VRAI	FAUX
1 Il y a toujours de la TVA collectée sur les cessions de biens d'occasion.		
2 Quand une entreprise vend une camionnette d'occasion, la cession est toujours soumise à TVA.		
3 Quand une entreprise vend une voiture d'occasion, la cession est toujours soumise à TVA.		
4 L'administration fiscale ne remet jamais en cause la TVA déduite par les entreprises lors de leurs acquisitions d'immobilisations.		
5 Quand une entreprise vend du matériel industriel d'occasion, la cession est soumise à TVA.		
6 Quand une entreprise vend une voiture d'occasion 6 ans après son achat, la TVA non déduite initialement lors de l'achat est définitivement perdue.		

ENTRAÎNEMENTS

Entraînement 1 CAS SYAN d'après sujet BTS / MINISTÈRE DE L'ENSEIGNEMENT SUPERIEUR, DE LA RECHERCHE ET DE L'INNOVATION-2017

SYAN CENTRE est une société anonyme à conseil d'administration au capital de 396 000 euros (22 000 actions de 18 euros), filiale du groupe américain ESTERCOL.

L'entreprise est spécialisée dans la fabrication d'instrumentation scientifique et technique : capteurs pour l'aéronautique et le nucléaire, appareillages destinés à l'amélioration des conditions de vie des polyhandicapés.

Elle emploie 44 salariés.

Sa clientèle est essentiellement constituée de divers sous-traitants de l'industrie. Depuis quelques années, l'entreprise consacre une partie de son activité à la production et au réglage d'appareils senseurs pour des centres de rééducation fonctionnelle.

La société SYAN CENTRE dispose d'un service comptable dirigé par Monsieur Laugy, chef comptable, et des conseils du directeur financier d'ESTERCOL, Monsieur Loc-Son.

Elle est soumise en matière de TVA et d'impôt sur les sociétés au régime du réel normal.

On vous demande de vérifier la CA3 établie par le PGI de l'entreprise dont un extrait vous est remis. Vous justifierez les différents montants de la déclaration.

Annexe 1 Extrait de balance par soldes au 31/12

Numéro	Intitulé du compte	Solde	
		Débiteur	Créditeur
....	....	....	....
4452000	TVA due Europe		1 852,00
4455100	TVA à décaisser		1646.4
4456200	TVA déductible sur immobilisations	550,00	
4456601	TVA déductible sur ABS 5,5 %	235,95	
4456602	TVA déductible sur ABS 20 %	5 842,00	
4456620	TVA déductible Europe	1 852,00	
4456700	Crédit de TVA à reporter	1 027,00	
4457101	TVA collectée 5,5 %		1 041,98
4457102	TVA collectée 20 %		10 776,20
4458000	TVA à régulariser		1 002,37
....	....	....	....

Annexe 2 Informations fiscales

Toute cession d'immobilisation non soumise à TVA (mais dont la TVA a été récupérée lors de son acquisition) et réalisée pendant une certaine période peut entraîner un reversement de TVA. La cession doit intervenir :

- pour les immeubles après le 01-01-1996, avant le début de la 19e année civile suivant celle de l'achat.

Le reversement est égal à la déduction initiale, diminuée de 1/20e par année civile ou fraction d'année écoulée depuis la date d'acquisition.

d'après mémento fiscal F. Lefebvre n° 5137 et suivant

Annexe 3 Informations comptables du mois de décembre 2023

Tous les montants sont exprimés en euros.

Toutes les opérations sont soumises à un taux normal de TVA sauf indication contraire.

Les numéros intracommunautaires nécessaires ont tous été normalement communiqués.

Données extraites des journaux auxiliaires de décembre et annotations :

Journal des achats (montants HT) :

Achats de matières premières	31 850	Dont 4 290 à 5,50 %
Achats à Rösberg (Stockholm, Suède)	9 260	
Nettoyage de l'atelier soufflerie	3 185	
Transports	800	Sur la facture figure la mention « Option pour les débits »

Journal des ventes (montants HT)

Ventes de produits	71 071	Dont 18 945 d'appareillages pour handicapés à 5,5 %
Prestations de services (installations)	2 100	
Exportations	17 914	
Ventes à Treifritz (Bonn, Allemagne)	16 120	

Journal des opérations diverses (montants HT)

Achat d'un matériel de pesage	2 750	
Cession d'un local industriel (voir ci-dessous)	30 000	

Journal de banque (montants TTC)

Paiement de matières premières et autres charges de décembre	47 704,51	Sauf le nettoyage de l'atelier soufflerie
Paiement de réparations de novembre	1 020,00	
Encaissement de prestations d'installation de novembre	2 106	

Rappel* : *La société SYAN CENTRE n'a pas demandé l'autorisation d'acquitter la TVA sur les débits.

Cession du local industriel

Ce local avait été acheté en mai 2010 pour 28 000 € HT (TVA 19.6 %)

Le jour de sa cession, les écritures suivantes ont été enregistrées dans le **journal des OD :**

Date	Libellé	Comptes à imputer	Montant	D/C
04-déc	cession à SAS Tournois	4620000	30 000,00	D
		7750000	30 000,00	C
04-déc	régularisation TVA	2130000	1646,4	D
		4455100	1646,4	C

A	MONTANT DES OPÉRATIONS RÉALISÉES						
	OPÉRATIONS TAXÉES (HT.)				**OPÉRATIONS NON TAXÉES**		
A1	Ventes, prestations de services	0979	72 826	E1	Exportations hors UE	0032	17 914
A2	Autres opérations imposables	0981		E2	Autres opérations non imposables	0033	
A3	Achats de prestations de services intracommunautaires (article 283-2 du code général des impôts)	0044		E3	Ventes à distance taxables dans un autre État membre au profit des personnes non assujetties	0047	
A4	Importations (autres que les produits pétroliers)	0056		E4	Importations (autres que les produits pétroliers)	0052	
A5	Sorties de régime fiscal suspensif (autres que les produits pétroliers)	0051		E5	Sorties de régime fiscal suspensif (autres que les produits pétroliers)	0053	
B1	Mises à la consommation de produits pétroliers	0048		E6	Importations placées sous régime fiscal suspensif (autres que les produits pétroliers)	0054	
B2	Acquisitions intracommunautaires	0031	9 260	F1	Acquisitions intracommunautaires	0055	
B3	Livraisons d'électricité, de gaz naturel, de chaleur ou de froid imposables en France	0030		F2	Livraisons intracommunautaires à destination d'une personne assujettie	0034	16 120
B4	Achats de biens ou de prestations de services réalisés auprès d'un assujetti non établi en France (article 283-1 du code général des impôts)	0040		F3	Livraisons d'électricité, de gaz naturel, de chaleur ou de froid non imposables en France	0029	
B5	Régularisations (important : cf. notice)	0036		F4	Mises à la consommation de produits pétroliers	0049	
				F5	Importations de produits pétroliers placées sous régime fiscal suspensif	0050	
				F6	Achats en franchise	0037	
				F7	Ventes de biens ou prestations de services réalisées par un assujetti non établi en France (article 283-1 du code général des impôts)	0043	
				F8	Régularisations (important : cf. notice)	0039	

B	DÉCOMPTE DE LA TVA À PAYER			
	TVA BRUTE		**Base hors taxe**	**Taxe due**
	Opérations réalisées en France métropolitaine			
08	Taux normal 20 %	0207	63 141	12 628
09	Taux réduit 5,5 %	0105	18 945	1 042
9B	Taux réduit 10 %	0151		
	Opérations réalisées dans les DOM			
10	Taux normal 8,5 %	0201		
11	Taux réduit 2,1 %	0100		
	Opérations imposables à un autre taux (France métropolitaine ou DOM)			
13	Anciens taux	0900		
14	Opérations imposables à un taux particulier (décompte effectué sur annexe 3310 A)	0950		
	Produits pétroliers			
P1	Taux normal 20 %	0208		
P2	Taux réduit 13 %	0152		
	Importations			
I1	Taux normal 20 %	0210		
I2	Taux réduit 10 %	0211		
I3	Taux réduit 8,5 %	0212		
I4	Taux réduit 5,5 %	0213		
I5	Taux réduit 2,1 %	0214		
I6	Taux réduit 1,05 %	0215		
15	TVA antérieurement déduite à reverser (dont TVA sur les produits pétroliers ....) (dont TVA sur les produits importés hors produits pétroliers ....)	0600		1 646
5B	Sommes à ajouter, y compris acompte congés (exprimées en euro)	0602		
16	**Total de la TVA brute due (lignes 08 à 5B)**			15 316
17	**Dont TVA sur acquisitions intracommunautaires**	0035		1 852
18	**Dont TVA sur opérations à destination de Monaco**	0038		

La ligne 11 ne concerne que les DOM.
Les autres opérations relevant du taux de 2,1 % sont déclarées sur l'annexe 3310 A-SD.

	TVA DÉDUCTIBLE		
19	Biens constituant des immobilisations	0703	550
20	Autres biens et services	0702	7 930
21	Autre TVA à déduire (dont régularisation de : - TVA sur les produits pétroliers : - TVA sur les produits importés hors produits pétroliers : - TVA collectée sur autres produits ou PS [cf. notice] ou déductible :)	0059	
22	Report du crédit apparaissant ligne 27 de la précédente déclaration	8001	1 027
2C	Sommes à imputer, y compris acompte congés (exprimées en euro)	0603	
22A	Indiquer le coefficient de taxation unique applicable pour la période s'il est différent de 100 ……… %		
23	**Total TVA déductible (ligne 19 à 2C)**		9 507
24	Dont TVA déductible sur importations hors produits pétroliers	0710	
2E	Dont TVA déductible sur les produits pétroliers	0711	

	CRÉDIT		
25	Crédit de TVA (ligne 23 – ligne 16)	0705	
26	Remboursement de crédit demandé sur formulaire n° 3519 joint	8002	
AA	Crédit de TVA transféré à la société tête de groupe sur la déclaration récapitulative 3310-CA3G	8005	
27	Crédit à reporter (ligne 25 – ligne 26 – ligne AA) (Cette somme est à reporter ligne 22 de la prochaine déclaration)	8003	

Attention ! Une situation de TVA créditrice (ligne 25 servie) ne dispense pas du paiement des taxes assimilées déclarées ligne 29.

	TAXE À PAYER		
28	**TVA nette due (ligne 16 – ligne 23).**		5 809
29	Taxes assimilées calculées sur annexe n° 3310 A-SD	9979	
AB	Total à payer acquitté par la société tête de groupe sur la déclaration récapitulative 3310-CA3G (lignes 28 + 29)	9991	
32	**Total à payer (lignes 28 + 29 – AB)** (N'oubliez pas de joindre le règlement correspondant)		5 809

LIGNE A1 :

LIGNE B2 :

LIGNE E1 :

LIGNE F2 :

LIGNE 08 :

LIGNE 09 :

LIGNE 15 :

LIGNE 16 :

LIGNE 17 :

LIGNE 19 :

LIGNE 20 :

LIGNE 22

LIGNE 23 :

LIGNE 28 et 32 :

Entraînements

Entraînement 2 REPARO

L'entreprise lyonnaise REPARO vend des marchandises et effectue des prestations de services.
On vous demande d'effectuer les calculs préalables à la déclaration de janvier 2024 en **annexe 2**.
Toutes les opérations réalisées par REPARO sont soumises au taux normal de TVA.

Annexe 1 Opérations de janvier

On vous demande de calculer la TVA de janvier.

Janvier	FACTURES HT	RÈGLEMENTS TTC (si TVA)
Ventes, prestations de services		
Ventes marchandises	522 300,00	541 700,00
Prestations services	243 900,00	261 400,00
Fact avoir ventes marchandises	8 200,00	
Achats de marchandises		
Achats marchandises	124 200,00	114 700,00
Fact avoir achat marchandises	9 100,00	
Achats marchandises Espagne	5 000,00	
Acquisitions d'immobilisations		
Machine neuve	40 000,00	25 000,00
Acompte sur commande ordinateur		30 000,00
Voiture tourisme	12 000,00	8 000,00
Camion	120 000,00	60 000,00
Frais généraux		
Achat essence voiture	1 100,00	1 000,00
Achat gazole voiture	1 300,00	1 800,00
Achat gazole camion	4 100,00	4 000,00
Achat mazout	18 000,00	9 000,00
Achat petit outillage	900,00	
Location atelier **	3 600,00	500,00
Location voiture	2 500,00	2 500,00
Location camion	3 200,00	3 000,00
Honoraires avocat	4 500,00	2 900,00
Assurance	2 000,00	800,00
Entretien machine	4 100,00	2 000,00
Entretien voiture **	3 900,00	2 300,00
Entretien camion	6 080,00	5 120,00
Cadeaux clientèle 10 à 60 € HT	600,00	720,00
Frais restaurant famille exploitant		2 100,00
Frais hôtel commercial		1 900,00
Frais SNCF commercial		1 460,00
Téléphone**	8 300,00	7 100,00
Timbres postaux	300,00	300,00
Timbres fiscaux	500,00	500,00
Réparation électricité	5 350,00	6 210,00
Réparation plomberie**	4 040,00	1 900,00
Intérêts bancaires sur emprunt		7 200,00
Cessions d'immobilisations janvier 2024		
Machine achetée 25 000 € HT (TVA 20 %) le 01/03/2022 revendue 9 000 € HT	9 000,00	
Voiture tourisme achetée le 01/10/2022 pour 16 000 € HT (TVA 20 %) et revendue 11 000 € HT à un négociant en biens d'occasions	11 000,00	
Immeuble achevé en 2015, acheté le 15/09/2020 pour 400 000 € HT (TVA 20 %) et revendu 380 000 € HT	380 000,00	

** = option débit

Annexe 2 Calculs préalables

https://eqrcode.co/a/UCJ4pU

EnonceReparo.xls

BI MÉDIA

	TVA COLLECTÉE	TVA DÉDUCTIBLE	
	44571 ou 4452	44566	44562
	20,00 %	ABS	IMMO
Ventes, prestations de services	104 460		
Ventes marchandises	43 780		
Prestations services	- 1640,00		
Fact avoir ventes marchandises			
Achats de marchandises			
Achats marchandises			
Fact avoir achat marchandises			
Achats marchandises Espagne			
Acquisitions d'immobilisations			
Machine neuve			
Acompte sur commande ordinateur			
Voiture tourisme			
Camion			
Frais généraux			
Achat essence voiture			
Achat gazole voiture			
Achat gazole camion			
Achat mazout			
Achat petit outillage			
Location atelier **			
Location voiture			
Location camion			
Honoraires avocat			
Assurance			
Entretien machine			
Entretien voiture **			
Entretien camion			
Cadeaux clientèle 10 à 60 € HT			
Frais restaurant famille exploitant			
Frais hôtel commercial			
Frais SNCF commercial			
Téléphone**			
Timbres postaux			
Timbres fiscaux			
Réparation électricité			
Réparation plomberie**			
Intérêts bancaires sur emprunt			
Cessions d'immobilisations janvier 2024			
Machine achetée 25 000 € HT (TVA 20 %) le 01/03/2022 revendue 9 000 € HT			
Voiture tourisme achetée le 01/10/2022 pour 16 000 € HT (TVA 20 %) et revendue 11 000 € HT à un négociant en biens d'occasions			
Immeuble achevé en 2015, acheté le 15/09/2020 pour 400 000 € HT (TVA 20 %) et revendu 380 000 € HT			
TOTAL			

CHAPITRE 9

TVA CA3 : déclarations et écritures

- 3.1.3 Élaboration de l'échéancier fiscal
- 3.2.2 Établissement, contrôle et transmission de la déclaration de TVA
- 3.2.3 Enregistrements comptables de la déclaration de TVA

A MONTANT DES OPÉRATIONS RÉALISÉES

	OPÉRATIONS TAXÉES (HT.)				OPÉRATIONS NON TAXÉES		
A1	Ventes, prestations de services	0979	72 826	E1	Exportations hors UE	0032	17 914
A2	Autres opérations imposables	0981		E2	Autres opérations non imposables	0033	
A3	Achats de prestations de services intracommunautaires (article 283-2 du code général des impôts)	0044		E3	Ventes à distance taxables dans un autre État membre au profit des personnes non assujetties	0047	
A4	Importations (autres que les produits pétroliers)	0056		E4	Importations (autres que les produits pétroliers)	0052	
A5	Sorties de régime fiscal suspensif (autres que les produits pétroliers)	0051		E5	Sorties de régime fiscal suspensif (autres que les produits pétroliers)	0053	
B1	Mises à la consommation de produits pétroliers	0048		E6	Importations placées sous régime fiscal suspensif (autres que les produits pétroliers)	0054	16 120
B2	Acquisitions intracommunautaires	0031	9 260	F1	Acquisitions intracommunautaires	0055	
B3	Livraisons d'électricité, de gaz naturel, de chaleur ou de froid imposables en France	0030		F2	Livraisons intracommunautaires à destination d'une personne assujettie	0034	
B4	Achats de biens ou de prestations de services réalisés auprès d'un assujetti non établi en France (article 283-1 du code général des impôts)	0040		F3	Livraisons d'électricité, de gaz naturel, de chaleur ou de froid non imposables en France	0029	
B5	Régularisations (important : cf. notice)	0036		F4	Mises à la consommation de produits pétroliers	0049	
				F5	Importations de produits pétroliers placées sous régime fiscal suspensif	0050	
				F6	Achats en franchise	0037	
				F7	Ventes de biens ou prestations de services réalisées par un assujetti non établi en France (article 283-1 du code général des impôts)	0043	
				F8	Régularisations (important : cf. notice)	0039	

B DÉCOMPTE DE LA TVA À PAYER

	TVA BRUTE		Base hors taxe	Taxe due
	Opérations réalisées en France métropolitaine			
08	Taux normal 20 %	0207	63 141	12 608
09	Taux réduit 5,5 %	0105	18 945	1 042
9B	Taux réduit 10 %	0151		
	Opérations réalisées dans les DOM			
10	Taux normal 8,5 %	0201		
11	Taux réduit 2,1 %	0100		
	Opérations imposables à un autre taux (France métropolitaine ou DOM)			
13	Anciens taux	0900		
14	Opérations imposables à un taux particulier (décompte effectué sur annexe 3310 A)	0950		
	Produits pétroliers			
P1	Taux normal 20 %	0208		
P2	Taux réduit 13 %	0152		
	Importations			
I1	Taux normal 20 %	0210		
I2	Taux réduit 10 %	0211		
I3	Taux réduit 8,5 %	0212		
I4	Taux réduit 5,5 %	0213		
I5	Taux réduit 2,1 %	0214		
I6	Taux réduit 1,05 %	0215		
15	TVA antérieurement déduite à reverser (dont TVA sur les produits pétroliers ……) (dont TVA sur les produits importés hors produits pétroliers ……)	0600		1 646
5B	Sommes à ajouter, y compris acompte congés (exprimées en euro)	0602		15 613
16	**Total de la TVA brute due (lignes 08 à 5B)**			
17	**Dont TVA sur acquisitions intracommunautaires**	0035		1 852
18	**Dont TVA sur opérations à destination de Monaco**	0038		

La ligne 11 ne concerne que les DOM.
Les autres opérations relevant du taux de 2,1 % sont déclarées sur l'annexe 3310 A-SD.

	TVA DÉDUCTIBLE		
19	Biens constituant des immobilisations	0703	550
20	Autres biens et services	0702	7 930
21	Autre TVA à déduire (dont régularisation de : - TVA sur les produits pétroliers : - TVA sur les produits importés hors produits pétroliers : - TVA collectée sur autres produits ou PS [cf. notice] ou déductible :)	0059	
22	Report du crédit apparaissant ligne 27 de la précédente déclaration	8001	1 027
2C	Sommes à imputer, y compris acompte congés (exprimées en euro)	0603	
22A	Indiquer le coefficient de taxation unique applicable pour la période s'il est différent de 100 …… %		
23	**Total TVA déductible (ligne 19 à 2C)**		9 507
24	Dont TVA déductible sur importations hors produits pétroliers	0710	
2E	Dont TVA déductible sur les produits pétroliers	0711	

	CRÉDIT				TAXE À PAYER		
25	Crédit de TVA (ligne 23 – ligne 16)	0705		28	**TVA nette due (ligne 16 – ligne 23).**		5 809
26	Remboursement de crédit demandé sur formulaire n° 3519 joint	8002		29	Taxes assimilées calculées sur annexe n° 3310 A-SD	9979	
AA	Crédit de TVA transféré à la société tête de groupe sur la déclaration récapitulative 3310-CA3G	8005		AB	Total à payer acquitté par la société tête de groupe sur la déclaration récapitulative 3310-CA3G (lignes 28 + 29)	9991	
27	Crédit à reporter (ligne 25 – ligne 26 – ligne AA) (Cette somme est à reporter ligne 22 de la prochaine déclaration)	8003		32	**Total à payer (lignes 28 + 29 – AB)** (N'oubliez pas de joindre le règlement correspondant)		5 809

Attention ! Une situation de TVA créditrice (ligne 25 servie) ne dispense pas du paiement des taxes assimilées déclarées ligne 29.

Compétence

- Découvrir quand et comment les entreprises soumises au régime normal déclarent leur TVA et comment se comptabilise la déclaration CA3.

Notions clés

- CA3

PLAN

Activité 1

Quand payer la TVA CA3 ?

Un nouveau client du cabinet dans lequel vous travaillez, une petite entreprise commerciale lyonnaise soumise au régime normal en matière de TVA, la SARL MOTOR, interroge son nouveau prestataire comptable, le cabinet Comptasup, sur son échéancier fiscal en matière de TVA. En effet, en 2023 la SARL MOTOR avait un comptable qui se chargeait des déclarations fiscales mais ce salarié est parti à la retraite et a été remplacé par une secrétaire comptable qui ne sait pas encore gérer les déclarations de TVA. En 2023, la SARL MOTOR a payé en totalité sur l'année 3 850 € de TVA. L'assistante voudrait connaître la périodicité des déclarations de TVA et les modalités d'envoi de ces déclarations à l'administration fiscale.

1 Le collaborateur vous demande de répondre par courriel à l'assistante de la SARL MOTOR.

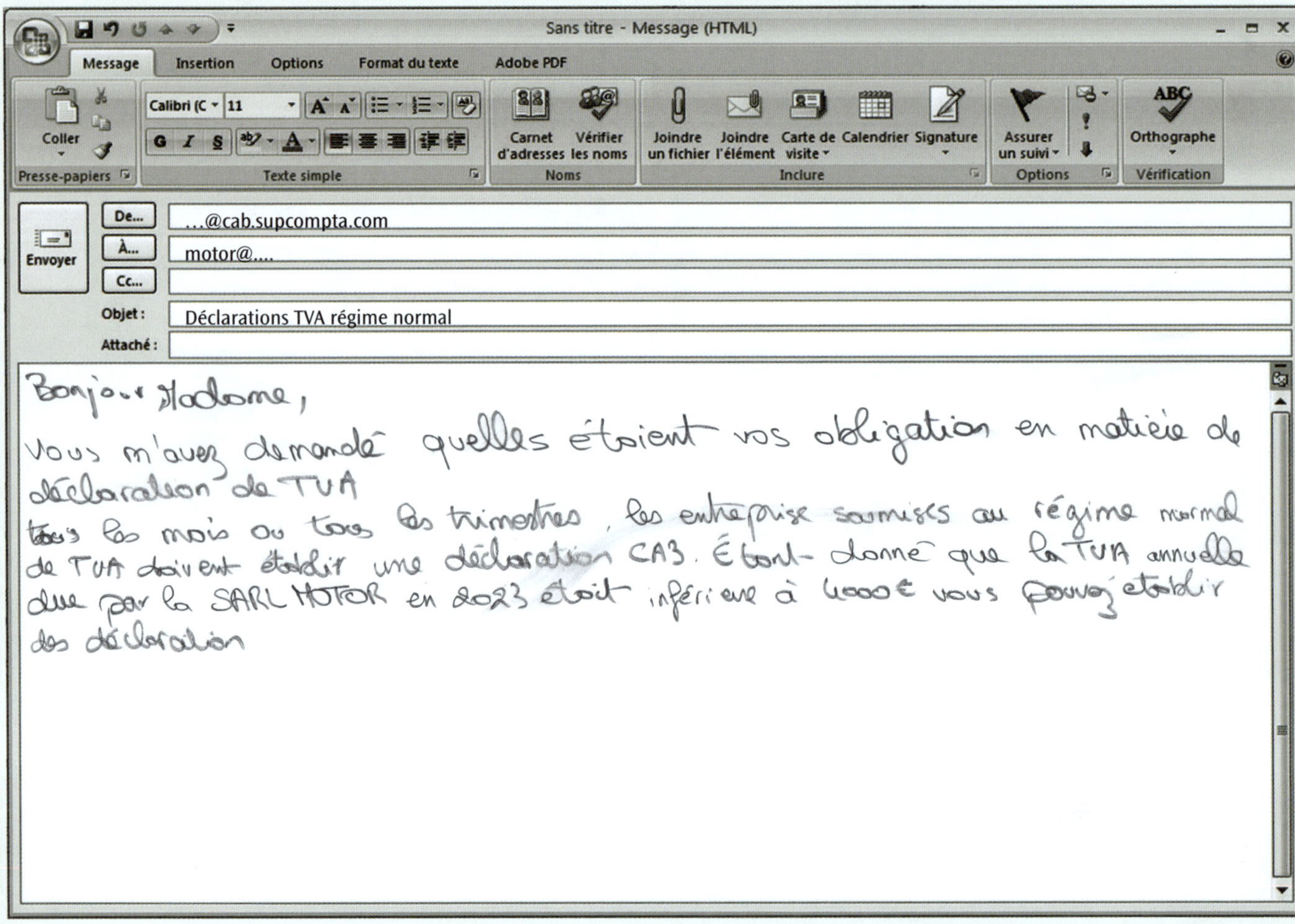

Activité 2

Comptabilisation de la CA3

À terme, la secrétaire comptable de la SARL MOTOR devra se charger elle-même de la comptabilisation de ces déclarations. Elle a donc demandé l'assistance du cabinet pour acquérir l'autonomie sur cette tâche. Un collaborateur avait décidé d'établir des fiches pratiques pour expliquer aux clients du cabinet la comptabilisation des déclarations de TVA. Il vous charge de la mise en œuvre finale de ces fiches.

2 Complétez les fiches qui suivent.

A/ TVA À PAYER AVEC CRÉDIT DE TVA LE MOIS PRÉCÉDENT

Extrait balance			Calcul TVA		
44562	2 536,41		TVA COLLECTÉE	102 569	
44566	46 456,25		TVA DED IMMO	2 536	
44567M-1	350,00		TVA DED ABS	46 456	
44571	102 569,23		CRÉDIT DE TVA M-1	350,00	
44580	2 356,98		TVA À PAYER	53 227	53 227,00
			JAMAIS DE CENTIME SUR LES DÉCLARATIONS		

44571 TVA collecte 102 569,23
44562 TVA immo 2536,41
44566 TVA déductible 46 456,25
4455A TVA à décaisser 53 227
44567M-1 crédit de TVA 350
CA3 ....
658 charges diverses de gestion 0,43 → Pour équilibrer
102 919,23

B/ CRÉDIT DE TVA SANS CRÉDIT DE TVA LE MOIS PRÉCÉDENT

Extrait balance			Calcul TVA		
44562	89 562,56		TVA COLLECTÉE	102 569	
44566	46 456,25		TVA DED IMMO	89 563	
44571	102 569,23		TVA DED ABS	46 456	
44580	2 356,98		CRÉDIT DE TVA	33 450	33 450,00
			JAMAIS DE CENTIME SUR LES DÉCLARATIONS		

44571 TVA collecte 102 569,23
44562 TVA immo 89 562,56
44566 TVA déductible 46 456,25
44571 TVA à décaisser
crédit de TVA 33 450
CA3 ....
758 0,42

C/ CRÉDIT DE TVA AVEC CRÉDIT DE TVA LE MOIS PRÉCÉDENT

Extrait balance			Calcul TVA		
44562	89 562,56		TVA COLLECTÉE	102 569	
44566	46 456,25		TVA DED IMMO	89 563	
44567M-1	350,00		TVA DED ABS	46 456	
44571	102 569,23		CRÉDIT DE TVA M-1	350,00	
44580	2 356,98		CRÉDIT DE TVA	33 800	33 800,00
			JAMAIS DE CENTIME SUR LES DÉCLARATIONS		

44571 TVA collecte 102 569,23
44562 TVA immo 89 562,56
44566 TVA déd 46 456,25
44567M-1 crédit de TVA 350
44567 crédit de TVA 33 800
CA3 ....
758 Produit divers de gestion 0,42

3 Rappelez comment les entreprises peuvent gérer les crédits de TVA.

....

....

....

1 CA3 : DÉCLARER ET PAYER SA TVA

A Vous relevez du régime réel normal (RN)

Vous devez télétransmettre une déclaration CA3 chaque mois, sur laquelle vous calculez la TVA devenue exigible au cours du mois précédent. Lorsque votre TVA est inférieure à 4 000 € par an, vous pouvez transmettre trimestriellement la déclaration CA3.

Vous devez effectuer cette déclaration et la payer par voie dématérialisée. La date limite à respecter est indiquée dans le tableau des déclarations de la rubrique « Déclarer TVA » de votre espace Professionnel.

Pour vous aider à remplir vos déclarations de TVA, vous pouvez consulter les notices 3310-NOT-CA3 et 3517-S-NOT-SD. Les notices sont téléchargeables sur ce site notamment depuis le moteur de recherche.

B Comment payer ?

Le règlement de vos taxes doit obligatoirement être effectué par voie dématérialisée depuis votre espace Professionnel (mode EFI) ou par l'intermédiaire d'un partenaire EDI.

Attention : pour pouvoir accéder au paiement de votre TVA, y compris pour le règlement de vos acomptes dans le cadre du RSI (déclaration n° 3514), vous devez d'abord valider la déclaration de TVA de la période concernée.

Votre TVA	Dématérialisation offerte	Remarques
Déclarer et payer votre TVA	Saisie en ligne sur impots.gouv.fr (EFI) ou intermédiaire d'un partenaire EDI (mode EDI-TVA)	Obligatoire
Déposer une demande de remboursement de crédit de TVA		

Impots.gouv.fr, DGFIP

2 COMPTABILISER LA CA3

TVA À PAYER SANS CRÉDIT DE TVA LE MOIS PRÉCÉDENT

Extrait balance			Calcul TVA			
44562	2 536,41		TVA COLLECTÉE		102 569	
44566	46 456,25		TVA DED IMMO		2 536	
44571	102 569,23		TVA DED ABS		46 456	
44580	2 356,98		TVA À PAYER		53 577	53 577,00
			JAMAIS DE CENTIMES SUR LES DÉCLARATIONS			
44571	TVA COLLECTÉE		102 569,23			
44562		TVA DED IMMO		2 536,41		
44566		TVA DED ABS		46 456,25		
44551		TVA À DÉCAISSER		53 577,00		
658	Charges diverses de gestion courante		0,43		***POUR ÉQUILIBRER***	
	CA3					

On retrouve cette écriture de liquidation de TVA dans le journal des OD.

Logique de l'écriture : Les comptes de TVA collectée sont soldés et apparaissent donc au débit et inversement les comptes de TVA déductibles sont soldés et donc crédités, pour leur montant exact CENTIME PRÈS.

Le compte 44551 fait apparaître le montant de la dette envers l'État.

Un crédit de TVA apparaîtrait donc au débit, dans le compte 44567.

Les comptes 658 au débit ou 758 au crédit servent si besoin à équilibrer l'écriture en raison des arrondis (comptes 44551 et 44567 toujours sans centime).

Le compte 4458 n'apparaît jamais dans l'écriture de TVA : Si la TVA apparaît dans ce compte, c'est justement car elle n'est pas encore collectée ou déductible (ex TVA sur un service facturé non encaissé dans une entreprise prestataire de services qui n'a pas opté pour les débits...).

À RETENIR

TVA CA3 (régime normal)

Pour le régime normal de TVA, la déclaration est mensuelle. Il faut calculer la TVA due pour le mois précédent.

La « télé-déclaration » est obligatoire pour toutes les entreprises.

TVA à décaisser = TVA COLLECTÉE du mois - TVA déductible du mois

Si la TVA collectée est supérieure à la TVA déductible, il y a une Taxe nette due.

Si la TVA déductible est supérieure à la TVA collectée, il y a un crédit de TVA. Il sera reporté sur la déclaration suivante ou remboursé (demande possible si crédit > 760 € ou 150 € en fin d'année civile).

Les montants sont arrondis à l'euro le plus proche.

COMPTABILISATION CA3

445798 TVA due importation*
4452 TVA due intracommunautaire
44571 TVA collectée
44567 Crédit de TVA du mois

ou

44562 TVA déductible sur immobilisations
44566 TVA déductible sur ABS
44567 Crédit de TVA du mois précédent
44551 TVA à décaisser

658 **ou** **758** **pour la gestion des ARRONDIS**

*OU autre compte du plan comptable de l'entreprise

TESTEZ-VOUS !

https://eqrcode.co/a/d3WDFy

Ce questionnaire est également disponible en ligne.

		OUI	NON
1	Les entreprises soumises au régime normal doivent obligatoirement déclarer et payer leur TVA mensuellement.		X
2	La TVA du mois de janvier doit être déclarée et payée fin janvier.		X
3	Le compte 44567 a toujours un solde nul ou débiteur.	X	
4	Le compte 44551 a toujours un solde nul ou débiteur.		X
5	Sur la déclaration CA3, on ventile la TVA collectée selon les taux de TVA.	X	
6	Sur la déclaration CA3, on ventile la TVA déductible selon les taux de TVA.		X
7	Sur la déclaration CA3, le crédit de TVA à reporter est noté sur la même ligne que le crédit pour lequel un remboursement est demandé.		X

Entraînement 1 AUTOSERV

feuilledetravailAutoserv.xlsx

BI MÉDIA

La SA AUTOSERV est un garage automobile spécialisé dans la réparation de véhicules et le négoce de pièces détachées soumis au régime normal de TVA. Cette SA a opté pour acquitter la TVA d'après les débits. Toutes les opérations sont soumises au taux normal de TVA. Tous les numéros d'identification intracommunautaire ont été communiqués et toutes les formalités remplies.

On vous demande de calculer la TVA du mois de janvier, de compléter la déclaration CA3 et de comptabiliser cette déclaration. Vous pouvez activer votre lien pour télécharger le fichier Excel correspondant, feuilledetravailAutoserv.xlsx.

https://eqrcode.co/a/Nzfljs

Opérations de janvier	
Opérations	**Montants HT**
Ventes de pièces détachées HT	500 000,00
Ventes de pièces détachées UE	350 000,00
Ventes de pièces détachées hors UE	150 000,00
Prestations de services facturées dont 200 000 € réglées ce mois	750 000,00
Achats HT de pièces détachées en France	600 000,00
Achats HT de pièces détachées en UE	35 000,00
Achats HT de services en France, les fournisseurs ont opté pour les débits	100 000,00
Achats HT de services en France, les fournisseurs n'ont pas opté pour les débits	50 000,00
Acquisitions immobilisations en France	150 000,00

	TVA collectée		TVA déductible	
	44571	4452	44562	44566
Ventes de pièces détachées HT	100 000,00			
Ventes de pièces détachées UE	Exo TVA			
Ventes de pièces détachées hors UE	Exo TVA			
Prestations de services facturées	150 000,00			
Achats HT de pièces détachées en France				120 000,00
Achats HT de pièces détachées en UE		7000,00		7000,00
Achats HT de services en France, les fournisseurs ont opté pour les débits				20 000,00
Achats HT de services en France, les fournisseurs n'ont pas opté pour les débits, règlement en février				
Acquisitions immobilisations en France			30000,00	
	250 000,00	7000,00	30 000,00	147 000,00

TVA Coll : 257 000,00 TVA DEDU ABS : 147 000,00

IMMO TVA déduc : 30 000,00 TVA à payer : 90 000,00

A MONTANT DES OPÉRATIONS RÉALISÉES

OPÉRATIONS TAXÉES (HT.)

A1	Ventes, prestations de services	0979	1 250 000
A2	Autres opérations imposables	0981	....
A3	Achats de prestations de services intracommunautaires (article 283-2 du code général des impôts)	0044	....
A4	Importations (autres que les produits pétroliers)	0056	....
A5	Sorties de régime fiscal suspensif (autres que les produits pétroliers)	0051	....
B1	Mises à la consommation de produits pétroliers	0048	....
B2	Acquisitions intracommunautaires	0031	35 000
B3	Livraisons d'électricité, de gaz naturel, de chaleur ou de froid imposables en France	0030	....
B4	Achats de biens ou de prestations de services réalisés auprès d'un assujetti non établi en France (article 283-1 du code général des impôts)	0040	....
B5	Régularisations (important : cf. notice)	0036	....

OPÉRATIONS NON TAXÉES

E1	Exportations hors UE	0032	150 000
E2	Autres opérations non imposables	0033	....
E3	Ventes à distance taxables dans un autre État membre au profit des personnes non assujetties	0047	....
E4	Importations (autres que les produits pétroliers)	0052	....
E5	Sorties de régime fiscal suspensif (autres que les produits pétroliers)	0053	....
E6	Importations placées sous régime fiscal suspensif (autres que les produits pétroliers)	0054	....
F1	Acquisitions intracommunautaires	0055	....
F2	Livraisons intracommunautaires à destination d'une personne assujettie	0034	350 000
F3	Livraisons d'électricité, de gaz naturel, de chaleur ou de froid non imposables en France	0029	....
F4	Mises à la consommation de produits pétroliers	0049	....
F5	Importations de produits pétroliers placées sous régime fiscal suspensif	0050	....
F6	Achats en franchise	0037	....
F7	Ventes de biens ou prestations de services réalisées par un assujetti non établi en France (article 283-1 du code général des impôts)	0043	....
F8	Régularisations (important : cf. notice)	0039	....

B DÉCOMPTE DE LA TVA À PAYER

	TVA BRUTE		Base hors taxe	Taxe due
	Opérations réalisées en France métropolitaine			
08	Taux normal 20 %	0207	....	....
09	Taux réduit 5,5 %	0105	....	....
9B	Taux réduit 10 %	0151	....	....
	Opérations réalisées dans les DOM			
10	Taux normal 8,5 %	0201	....	....
11	Taux réduit 2,1 %	0100	....	....
	Opérations imposables à un autre taux (France métropolitaine ou DOM)			
13	Anciens taux	0900	....	....
14	Opérations imposables à un taux particulier (décompte effectué sur annexe 3310 A)	0950	....	....
	Produits pétroliers			
P1	Taux normal 20 %	0208	....	....
P2	Taux réduit 13 %	0152	....	....
	Importations			
I1	Taux normal 20 %	0210	....	....
I2	Taux réduit 10 %	0211	....	....
I3	Taux réduit 8,5 %	0212	....	....
I4	Taux réduit 5,5 %	0213	....	....
I5	Taux réduit 2,1 %	0214	....	....
I6	Taux réduit 1,05 %	0215	....	....
15	TVA antérieurement déduite à reverser (dont TVA sur les produits pétroliers ....) (dont TVA sur les produits importés hors produits pétroliers ....)		0600	....
5B	Sommes à ajouter, y compris acompte congés (exprimées en euro)		0602	....
16	**Total de la TVA brute due (lignes 08 à 5B)**			....
17	**Dont TVA sur acquisitions intracommunautaires**		0035	....
18	**Dont TVA sur opérations à destination de Monaco**		0038	....

La ligne 11 ne concerne que les DOM.
Les autres opérations relevant du taux de 2,1 % sont déclarées sur l'annexe 3310 A-SD.

	TVA DÉDUCTIBLE		
19	Biens constituant des immobilisations	0703	....
20	Autres biens et services	0702	....
21	Autre TVA à déduire (dont régularisation de : - TVA sur les produits pétroliers : - TVA sur les produits importés hors produits pétroliers : - TVA collectée sur autres produits ou PS [cf. notice] ou déductible :)	0059	....
22	Report du crédit apparaissant ligne 27 de la précédente déclaration	8001	....
2C	Sommes à imputer, y compris acompte congés (exprimées en euro)	0603	....

22A	Indiquer le coefficient de taxation unique applicable pour la période s'il est différent de 100		%

23	**Total TVA déductible (ligne 19 à 2C)**		
24	Dont TVA déductible sur importations hors produits pétroliers	0710	....
2E	Dont TVA déductible sur les produits pétroliers	0711	....

	CRÉDIT		
25	Crédit de TVA (ligne 23 – ligne 16)	0705	....
26	Remboursement de crédit demandé sur formulaire n° 3519 joint	8002	....
AA	Crédit de TVA transféré à la société tête de groupe sur la déclaration récapitulative 3310-CA3G	8005	....
27	Crédit à reporter (ligne 25 – ligne 26 – ligne AA) (Cette somme est à reporter ligne 22 de la prochaine déclaration)	8003	....

Attention ! Une situation de TVA créditrice (ligne 25 servie) ne dispense pas du paiement des taxes assimilées déclarées ligne 29.

	TAXE À PAYER		
28	**TVA nette due (ligne 16 – ligne 23).**		....
29	Taxes assimilées calculées sur annexe n° 3310 A-SD	9979	....
AB	Total à payer acquitté par la société tête de groupe sur la déclaration récapitulative 3310-CA3G (lignes 28 + 29)	9991	....
32	**Total à payer (lignes 28 + 29 – AB)** (N'oubliez pas de joindre le règlement correspondant)		

Remarque : déclaration CA3 simplifiée (sans ligne pour les opérations internes entre membres d'un assujetti unique GROUPE TVA et sans ligne de régularisations des Taxes Intérieures de Consommation).

Entraînement 2 CDCCHILD

Cdchild.xlsx

BI MÉDIA

L'entreprise CDCHILD, soumise au régime du réel normal, est une SARL spécialisée dans le négoce de livres et de jeux éducatifs internationaux. Cette SARL est une cliente du cabinet dans lequel vous travaillez depuis sa création. Tous les numéros d'identification intracommunautaire ont été communiqués et toutes les formalités ont été remplies. Les fournisseurs de service auprès desquels la SARL s'approvisionne ont tous opté pour les débits

On vous demande de calculer la TVA du mois de janvier, de compléter la déclaration CA3 et de comptabiliser cette déclaration. Le mois dernier, la déclaration de TVA a fait apparaître un crédit de TVA de 550€ pour lequel aucun remboursement n'a été demandé. Vous penserez à utiliser votre classeur de veille fiscale pour retrouver les taux de TVA des produits commercialisés par l'entreprise CDCHILD. Vous pouvez activer votre lien pour télécharger le fichier Excel correspondant, feuille de travail Cdchild.xlsx.

https://eqrcode.co/a/BAEIX7

Opérations de janvier	
Opérations	**Montants HT**
Ventes France livres HT	16 547,00
Ventes France jeux HT	93 651,00
Ventes de jeux UE	12 300,00
Achats livres France HT	9 654,00
Achats jeux France HT	61 325,00
Achats HT de jeux en Espagne	4 003,00
Achats HT de jeux en Italie	4 000,00
Achats HT de services en France	15 874,00
dont réglés ce mois	6 253,00
Acquisitions immobilisations en France	2 000,00

	TVA collectée			TVA déductible	
	44571/5,5 %	44572/20 %	4452	44562	44566
Ventes France livres HT					
Ventes France JEUX HT					
Ventes de JEUX UE					
Achats livres France HT					
Achats JEUX France HT					
Achats HT de JEUX en Espagne					
Achats HT de JEUX en Italie					
Achats HT de services en France					
Acquisitions immobilisations en France					

A MONTANT DES OPÉRATIONS RÉALISÉES

	OPÉRATIONS TAXÉES (HT.)				OPÉRATIONS NON TAXÉES		
A1	Ventes, prestations de services	0979	....	E1	Exportations hors UE	0032	....
A2	Autres opérations imposables	0981	....	E2	Autres opérations non imposables	0033	....
A3	Achats de prestations de services intracommunautaires (article 283-2 du code général des impôts)	0044	....	E3	Ventes à distance taxables dans un autre État membre au profit des personnes non assujetties	0047	....
A4	Importations (autres que les produits pétroliers)	0056	....	E4	Importations (autres que les produits pétroliers)	0052	....
A5	Sorties de régime fiscal suspensif (autres que les produits pétroliers)	0051	....	E5	Sorties de régime fiscal suspensif (autres que les produits pétroliers)	0053	....
B1	Mises à la consommation de produits pétroliers	0048	....	E6	Importations placées sous régime fiscal suspensif (autres que les produits pétroliers)	0054	....
B2	Acquisitions intracommunautaires	0031	....	F1	Acquisitions intracommunautaires	0055	....
B3	Livraisons d'électricité, de gaz naturel, de chaleur ou de froid imposables en France	0030	....	F2	Livraisons intracommunautaires à destination d'une personne assujettie	0034	....
B4	Achats de biens ou de prestations de services réalisés auprès d'un assujetti non établi en France (article 283-1 du code général des impôts)	0040	....	F3	Livraisons d'électricité, de gaz naturel, de chaleur ou de froid non imposables en France	0029	....
B5	Régularisations (important : cf. notice)	0036	....	F4	Mises à la consommation de produits pétroliers	0049	....
				F5	Importations de produits pétroliers placées sous régime fiscal suspensif	0050	....
				F6	Achats en franchise	0037	....
				F7	Ventes de biens ou prestations de services réalisées par un assujetti non établi en France (article 283-1 du code général des impôts)	0043	....
				F8	Régularisations (important : cf. notice)	0039	....

B DÉCOMPTE DE LA TVA À PAYER

	TVA BRUTE		Base hors taxe	Taxe due
	Opérations réalisées en France métropolitaine			
08	Taux normal 20 %	0207	....	....
09	Taux réduit 5,5 %	0105	....	....
9B	Taux réduit 10 %	0151	....	....
	Opérations réalisées dans les DOM			
10	Taux normal 8,5 %	0201	....	....
11	Taux réduit 2,1 %	0100	....	....
	Opérations imposables à un autre taux (France métropolitaine ou DOM)			
13	Anciens taux	0900	....	....
14	Opérations imposables à un taux particulier (décompte effectué sur annexe 3310 A)	0950	....	....
	Produits pétroliers			
P1	Taux normal 20 %	0208	....	....
P2	Taux réduit 13 %	0152	....	....
	Importations			
I1	Taux normal 20 %	0210	....	....
I2	Taux réduit 10 %	0211	....	....
I3	Taux réduit 8,5 %	0212	....	....
I4	Taux réduit 5,5 %	0213	....	....
I5	Taux réduit 2,1 %	0214	....	....
I6	Taux réduit 1,05 %	0215	....	....
15	TVA antérieurement déduite à reverser (dont TVA sur les produits pétroliers ....) (dont TVA sur les produits importés hors produits pétroliers ....)		0600	....
5B	Sommes à ajouter, y compris acompte congés (exprimées en euro)		0602	....
16	**Total de la TVA brute due (lignes 08 à 5B)**			....
17	**Dont TVA sur acquisitions intracommunautaires**		0035	....
18	**Dont TVA sur opérations à destination de Monaco**		0038	....

La ligne 11 ne concerne que les DOM.
Les autres opérations relevant du taux de 2,1 % sont déclarées sur l'annexe 3310 A-SD.

	TVA DÉDUCTIBLE					
19	Biens constituant des immobilisations				0703	....
20	Autres biens et services				0702	....
21	Autre TVA à déduire (dont régularisation de : - TVA sur les produits pétroliers : - TVA sur les produits importés hors produits pétroliers : - TVA collectée sur autres produits ou PS [cf. notice] ou déductible :)				0059	....
22	Report du crédit apparaissant ligne 27 de la précédente déclaration				8001	....
2C	Sommes à imputer, y compris acompte congés (exprimées en euro)				0603	....
22A	Indiquer le coefficient de taxation unique applicable pour la période s'il est différent de 100	%	23	**Total TVA déductible (ligne 19 à 2C)**		
			24	Dont TVA déductible sur importations hors produits pétroliers	0710	....
			2E	Dont TVA déductible sur les produits pétroliers	0711	....

	CRÉDIT				TAXE À PAYER		
25	Crédit de TVA (ligne 23 – ligne 16)	0705	....	28	**TVA nette due (ligne 16 – ligne 23).**		....
26	Remboursement de crédit demandé sur formulaire n° 3519 joint	8002	....	29	Taxes assimilées calculées sur annexe n° 3310 A-SD	9979	....
AA	Crédit de TVA transféré à la société tête de groupe sur la déclaration récapitulative 3310-CA3G	8005	....	AB	Total à payer acquitté par la société tête de groupe sur la déclaration récapitulative 3310-CA3G (lignes 28 + 29)	9991	....
27	Crédit à reporter (ligne 25 – ligne 26 – ligne AA) (Cette somme est à reporter ligne 22 de la prochaine déclaration)	8003	....	32	**Total à payer (lignes 28 + 29 – AB)** (N'oubliez pas de joindre le règlement correspondant)		
	Attention ! Une situation de TVA créditrice (ligne 25 servie) ne dispense pas du paiement des taxes assimilées déclarées ligne 29.						

Remarque : Déclaration CA3 simplifiée (sans ligne pour les opérations internes entre membres d'un assujetti unique GROUPE TVA et sans ligne de régularisations des Taxes Intérieures de Consommation).

Entraînement 3 VISTON

Viston.xlsx

BIMÉDIA

L'entreprise VISTON, soumise au régime du réel normal, est une SARL spécialisée dans le négoce et la réparation de produits Hi-Tech (taux normal de TVA). Cette SARL qui n'a pas opté pour les débits est une cliente du cabinet dans lequel vous travaillez depuis sa création. Tous les numéros d'identification intracommunautaire ont été communiqués et toutes les formalités ont été remplies.

Les importations ont été corectement comptabilisées (avec les droits de douane).

On vous demande de calculer la TVA du mois de janvier, de compléter la déclaration CA3 et de comptabiliser cette déclaration. Vous pourrez utiliser les feuilles de travail Excel du cabinet pour mener à bien votre travail. Le mois dernier, la déclaration de TVA a fait apparaître un crédit de TVA de 4 118€ pour lequel un remboursement a été demandé. Vous pouvez activer votre lien pour télécharger le fichier Excel correspondant, feuille de travail Viston.xlsx.

https://eqrcode.co/a/kMccC2

Opérations de janvier		
Opérations	**Montants facturés HT**	**Montants réglés ou encaissés TTC**
Ventes de marchandises HT	137 659,00	125 000,00
Ventes de marchandises UE	100 000,00	90 000,00
Ventes de marchandises hors UE	300 000,00	250 000,00
Prestations de services	66 666,00	85 590,00
Achats HT de marchandises au Luxembourg	45 658,00	42 000,00
Achats HT de marchandises en France	104 582,00	102 600,00
Achats HT de marchandises en Chine dont droits de douane	35 000,00	28 900,00
Achats de services en France avec option pour les débits	15 366,00	16 879,00
Achats de services en France sans option pour les débits	29 471,00	34 233,60
Ventes de mobilier d'occasion	1 268,00	1 036,00
Acquisitions immobilisations en Italie	27 148,00	25 489,00
Acquisitions immobilisations en France	18 714,00	15 623,00

	TVA collectée			TVA déductible	
	44571	**4452**	**445798**	**44562**	**44566**
Ventes de marchandises HT	27 531,80				
Ventes de marchandises UE	Exo				
Ventes de marchandises hors UE	Exo				
Prestations de services	14 265,00				
Achats HT de marchandises au Luxembourg		9131,60			9131,60
Achats HT de marchandises en France					20 916,40
Achats HT de marchandises en Chine			7000,00		7000,00
Achats HT de services en France avec option					3073,20
Achats HT de services en France sans option					5705,6
Ventes de mobilier d'occasion	253,60				
Acquisitions immobilisations en Italie		5429,60		5429,60	
Acquisitions immobilisations en France				3744,80	
					45826,80

A	MONTANT DES OPÉRATIONS RÉALISÉES						
	OPÉRATIONS TAXÉES (HT.)				**OPÉRATIONS NON TAXÉES**		
A1	Ventes, prestations de services	0979	....	E1	Exportations hors UE	0032	....
A2	Autres opérations imposables	0981	....	E2	Autres opérations non imposables	0033	....
A3	Achats de prestations de services intracommunautaires (article 283-2 du code général des impôts)	0044	....	E3	Ventes à distance taxables dans un autre État membre au profit des personnes non assujetties	0047	....
A4	Importations (autres que les produits pétroliers)	0056	35 000	E4	Importations (autres que les produits pétroliers)	0052	....
A5	Sorties de régime fiscal suspensif (autres que les produits pétroliers)	0051	....	E5	Sorties de régime fiscal suspensif (autres que les produits pétroliers)	0053	....
B1	Mises à la consommation de produits pétroliers	0048	....	E6	Importations placées sous régime fiscal suspensif (autres que les produits pétroliers)	0054	....
B2	Acquisitions intracommunautaires	0031	....	F1	Acquisitions intracommunautaires	0055	....
B3	Livraisons d'électricité, de gaz naturel, de chaleur ou de froid imposables en France	0030	....	F2	Livraisons intracommunautaires à destination d'une personne assujettie	0034	....
B4	Achats de biens ou de prestations de services réalisés auprès d'un assujetti non établi en France (article 283-1 du code général des impôts)	0040	....	F3	Livraisons d'électricité, de gaz naturel, de chaleur ou de froid non imposables en France	0029	....
B5	Régularisations (important : cf. notice)	0036	....	F4	Mises à la consommation de produits pétroliers	0049	....
				F5	Importations de produits pétroliers placées sous régime fiscal suspensif	0050	....
				F6	Achats en franchise	0037	....
				F7	Ventes de biens ou prestations de services réalisées par un assujetti non établi en France (article 283-1 du code général des impôts)	0043	....
				F8	Régularisations (important : cf. notice)	0039	....

B	DÉCOMPTE DE LA TVA À PAYER			
	TVA BRUTE		**Base hors taxe**	**Taxe due**
	Opérations réalisées en France métropolitaine			
08	Taux normal 20 %	0207	....	....
09	Taux réduit 5,5 %	0105	....	....
9B	Taux réduit 10 %	0151	....	....
	Opérations réalisées dans les DOM			
10	Taux normal 8,5 %	0201	....	....
11	Taux réduit 2,1 %	0100	....	....
	Opérations imposables à un autre taux (France métropolitaine ou DOM)			
13	Anciens taux	0900	....	....
14	Opérations imposables à un taux particulier (décompte effectué sur annexe 3310 A)	0950	....	....
	Produits pétroliers			
P1	Taux normal 20 %	0208	....	....
P2	Taux réduit 13 %	0152	....	....
	Importations			
I1	Taux normal 20 %	0210	35 000	7 000
I2	Taux réduit 10 %	0211	....	....
I3	Taux réduit 8,5 %	0212	....	....
I4	Taux réduit 5,5 %	0213	....	....
I5	Taux réduit 2,1 %	0214	....	....
I6	Taux réduit 1,05 %	0215	....	....
15	TVA antérieurement déduite à reverser (dont TVA sur les produits pétroliers ....) (dont TVA sur les produits importés hors produits pétroliers ....)	0600		....
5B	Sommes à ajouter, y compris acompte congés (exprimées en euro)	0602		....
16	**Total de la TVA brute due (lignes 08 à 5B)**			....
17	**Dont TVA sur acquisitions intracommunautaires**	0035		....
18	**Dont TVA sur opérations à destination de Monaco**	0038		....

La ligne 11 ne concerne que les DOM.
Les autres opérations relevant du taux de 2,1 % sont déclarées sur l'annexe 3310 A-SD.

	TVA DÉDUCTIBLE		
19	Biens constituant des immobilisations	0703	....
20	Autres biens et services	0702	....
21	Autre TVA à déduire (dont régularisation de : - TVA sur les produits pétroliers : - TVA sur les produits importés hors produits pétroliers : - TVA collectée sur autres produits ou PS [cf. notice] ou déductible :)	0059	....
22	Report du crédit apparaissant ligne 27 de la précédente déclaration	8001	....
2C	Sommes à imputer, y compris acompte congés (exprimées en euro)	0603	....

22A	Indiquer le coefficient de taxation unique applicable pour la période s'il est différent de 100 %	23	**Total TVA déductible (ligne 19 à 2C)**		
		24	Dont TVA déductible sur importations hors produits pétroliers	0710	....
		2E	Dont TVA déductible sur les produits pétroliers	0711	....

	CRÉDIT				**TAXE À PAYER**		
25	Crédit de TVA (ligne 23 – ligne 16)	0705	....	28	**TVA nette due (ligne 16 – ligne 23).**		....
26	Remboursement de crédit demandé sur formulaire n° 3519 joint	8002	....	29	Taxes assimilées calculées sur annexe n° 3310 A-SD	9979	....
AA	Crédit de TVA transféré à la société tête de groupe sur la déclaration récapitulative 3310-CA3G	8005	....	AB	Total à payer acquitté par la société tête de groupe sur la déclaration récapitulative 3310-CA3G (lignes 28 + 29)	9991	....
27	Crédit à reporter (ligne 25 – ligne 26 – ligne AA) (Cette somme est à reporter ligne 22 de la prochaine déclaration)	8003	....	32	**Total à payer (lignes 28 + 29 – AB)** (N'oubliez pas de joindre le règlement correspondant)		
	Attention ! Une situation de TVA créditrice (ligne 25 servie) ne dispense pas du paiement des taxes assimilées déclarées ligne 29.						

Remarque : Déclaration CA3 simplifiée (sans ligne pour les opérations internes entre membres d'un assujetti unique GROUPE TVA et sans ligne de régularisations des Taxes Intérieures de Consommation).

Entraînement 4 VISTON 2

Viston.xlsx

BI MÉDIA

https://eqrcode.co/a/85U2Bm

En fait le gérant hésite à opter pour les débits et vous demande de calculer la TVA de janvier en supposant cette fois-ci que la SARL VISTON a opté pour les débits. Vous pourrez de nouveau utiliser le fichier feuille de travail VISTON après l'avoir renommé, feuille de travail Viston.xlsx.

Opérations de janvier		
Opérations	Montants facturés HT	Montants réglés ou encaissés TTC
Ventes de marchandises HT	137 659,00	125 000,00
Ventes de marchandises UE	100 000,00	90 000,00
Ventes de marchandises hors UE	300 000,00	250 000,00
Prestations de services facturées	66 666,00	85 590,00
Achats HT de marchandises au Luxembourg	45 658,00	42 000,00
Achats HT de marchandises en France	104 582,00	102 600,00
Achats HT de marchandises en Chine dont droits de douane	35 000,00	28 900,00
Achats de services en France avec option pour les débits	15 366,00	16 879,00
Achats de services en France sans option pour les débits	29 471,00	34 233,60
Ventes de mobilier d'occasion	1 268,00	1 036,00
Acquisitions immobilisations en Italie	27 148,00	25 489,00
Acquisitions immobilisations en France	18 714,00	15 623,00

	TVA collectée			TVA déductible	
	44571	4452	445798	44562	44566
Ventes de marchandises HT					
Ventes de marchandises UE					
Ventes de marchandises hors UE					
Prestations de services					
Achats HT de marchandises au Luxembourg					
Achats HT de marchandises en France					
Achats HT de marchandises en Chine					
Achats HT de services en France avec option					
Achats HT de services en France sans option					
Ventes de mobilier d'occasion					
Acquisitions immobilisations en Italie					
Acquisitions immobilisations en France					

Entraînement 5 AU COIN DU FEU D'APRÈS SUJET BTS / MINISTÈRE DE L'ENSEIGNEMENT SUPÉRIEUR, DE LA RECHERCHE ET DE L'INNOVATION - 2017

Cette société est spécialisée dans la vente et la pose de cheminées à feu ouvert, de foyers fermés et de poêles à bois auprès de particuliers. Elle commercialise aussi différents accessoires tels que des pare-feux, des serviteurs...

En matière de TVA, la société relève du régime réel normal. Elle a exercé l'option pour acquitter la TVA d'après les débits. Les taux de TVA applicables sont de:

- 20 % pour les ventes d'accessoires ;
- 20 % pour les ventes de cheminées, foyers et poêles lorsque l'entreprise n'en assure pas la pose ni l'installation ou lorsque la pose est effectuée dans des bâtiments à usage d'habitation de moins de 2 ans ;
- 5,5 % pour les ventes de cheminées, foyers et poêles lorsque:
  - la pose est effectuée dans des bâtiments à usage d'habitation de plus de 2 ans ;
  - les travaux améliorent la qualité énergétique des logements.

L'entreprise demande systématiquement le remboursement du crédit de TVA lorsqu'il est supérieur à 760 €. Le crédit de TVA est alors enregistré dans le compte 445830: Remboursement de taxe sur le CA demandé.

Présentez l'écriture de liquidation de la TVA de novembre.

Annexe Extraits de la balance au 30/11/

ÉDITION PROVISOIRE SARL AU COIN DU FEU Sélection comptes : 44					Édition en Euros Page 1 Du 01/11/ au 30/11/
Compte	**Libellé**	**Débit**	**Crédit**	**Solde débit**	**Solde crédit**
445202	TVA due intracommunautaire 20 %		2 048,08		2 048,08
445642	TVA sur achats intracommunautaires 20 %	2 048,08		2 048,08	
445661	TVA déductible sur abs à 5,5 %	15,18		15,18	
445662	TVA déductible sur abs à 20 %	9 433,97	418,77	9 015,20	
445711	TVA collectée 5,5 %	7,51	3 931,41		3 923,90
445712	TVA collectée 20 %		1 525,02		1 525,02
445800	TVA déductible sur décaissements	495,12		495,12	
	Totaux	**11 999,86**	**7 923,28**	**11 573,58**	**7 497,00**

CHAPITRE 10

TVA CA12 : déclarations et écritures

- 3.1.3 Élaboration de l'échéancier fiscal
- 3.2.2 Établissement, contrôle et transmission de la déclaration de TVA
- 3.2.3 Enregistrements comptables de la déclaration de TVA

Compétence

- Découvrir quand et comment les entreprises soumises au régime simplifié déclarent leur TVA et comment se comptabilise la déclaration CA12.

Notion clé

- CA12

PLAN

Activités

À l'aide des **fiches ressources**, réalisez les différentes activités proposées.

1 Échéancier fiscal CA12

2 Liquidation et comptabilisation CA12

Fiche ressources

CA12 : déclarer et payer sa TVA

Révision

1 À retenir

2 Testez-vous

Entraînements

Activité 1

Échéancier fiscal CA12

Un collaborateur du cabinet dans lequel vous travaillez vous remet le dossier d'une entreprise lyonnaise JETAPRO, dont l'activité est en plein développement, spécialisée dans le négoce de vaisselle jetable en papier. Cette entreprise est soumise de plein droit au régime simplifié d'imposition. Toutes les opérations sont imposables au taux normal. Vous allez devoir calculer les acomptes versés en 2023 et établir la déclaration CA12 2023.

1 **Avant de vous laisser toute autonomie sur ce dossier, le collaborateur souhaiterait que vous lui vous rappeliez les conditions pour pouvoir bénéficier du régime simplifié d'imposition. Il vous demande ainsi de rédiger une note qui précisera l'échéancier des obligations fiscales des entreprises soumises à ce régime.**

De : collaborateur Cabinet Compta Sup

À :

Date :

Objet :

Activité 2

Liquidation et comptabilisation CA12

2 On vous demande de calculer les acomptes semestriels 2023, de calculer la TVA due 2023 et de compléter la déclaration CA12 de ce client. Vous comptabiliserez aussi cette déclaration.

Annexe Données issues du dossier JETAPRO

Année 2022		Année 2023	
CA HT annuel	253 000	CA HT annuel	298 000
TVA déd/Abs de l'année	36 730	TVA déd/Abs de l'année	35 910
TVA déd/immo de l'année	5 340	TVA déd/immo de l'année	2 400

Calcul des acomptes semestriels et liquidation CA12 :

Comptabilisation acomptes et liquidation CA12 :

I – TVA BRUTE

	OPÉRATIONS NON TAXÉES		Base hors taxe
01	Achats en franchise	0037	....
02	Exportations hors UE	0032	....
03	Autres opérations non imposables	0033	....
3A	Ventes à distance taxables dans un autre État membre au profit de personnes non assujetties –	0047	....
3B	Mises à la consommation de produits pétroliers	0049	....
04	Livraisons intracommunautaires à destination d'une personne assujettie –	0034	....
4B	Ventes de biens ou prestations de services réalisées par un assujetti non établi en France (article 283-1 du code général des impôts)	0043	....
4D	Livraisons d'électricité, de gaz naturel, de chaleur ou de froid non imposables en France	0029	....

	OPÉRATIONS TAXÉES		*Base hors taxe*	*Taxe due*
	– réalisées en France métropolitaine			
5A	Taux normal 20 %	0207	298 000	59 600
5B	Taux normal 20 % sur les produits pétroliers	0208	....	....
06	Taux réduit 5,5 %	0105	....	....
6C	Taux réduit 10 %	0151	....	....
	– réalisées dans les DOM			
07	Taux normal 8,5 %	0201	....	....
08	Taux réduit 2,1 %	0100	....	....
	– à un autre taux (France métropolitaine ou DOM)			
09	Opérations imposables à un taux particulier	0950	....	....
9A	Taux réduit 13 % sur les produits pétroliers	0152	....	....
10	Anciens taux	0900	....	....
	– autres opérations			
AA	Livraisons d'électricité, de gaz naturel, de chaleur ou de froid imposables en France	0030	....	....
AB	Achats de biens ou de prestations de services réalisés auprès d'un assujetti non établi en France (article 283-1 du code général des impôts)	0040	....	....
AC	Achats de prestations de services intracommunautaires (article 283-2 du code général des impôts)	0044	....	....
11	Cessions d'immobilisations	0970	....	....
12	Livraisons à soi-même	0980	....	....
13	Autres opérations imposables	0981	....	....
14	Acquisitions intracommunautaires imposables au titre de l'exercice civil du 01/01/2021 au 31/12/2021 (cf notice pour les exercices clos en 2022)	0031	....	....
15	*Dont* TVA sur immobilisations	0982	|_______________|	
16	***TOTAL DE LA TAXE DUE (ligne 5A à 14)***			59 600

	Autre TVA DUE		
17	Remboursements provisionnels obtenus en cours d'année ou d'exercice	0983	....
18	TVA antérieurement déduite à reverser dont TVA sur les produits pétroliers	0600	....
AD	Sommes à ajouter	0602	....
19	***TOTAL DE LA TVA BRUTE DUE (lignes 16 + 17 + 18 + AD)***		59 600

II – TVA DÉDUCTIBLE

	AUTRES BIENS ET SERVICES		*Taxe déductible*
20	Déductions sur factures (1)	0702	35 910
21	Déductions forfaitaires (1)	0704	....
22	***TOTAL (lignes 20 + 21)***		35 910
	IMMOBILISATIONS		
23	TVA déductible sur immobilisations (1)	0703	2 400

– 2 –

	AUTRE TVA À DÉDUIRE		
24	Crédit antérieur non imputé et non remboursé	0058	....
25	Omissions ou compléments de déductions dont régularisations TVA déductible sur les produits pétroliers	0059	....
25 A	(1) Compte-tenu, le cas échéant, du coefficient de déduction .... %		
AE	Sommes à imputer	0603	....
26	***TOTAL DE LA TVA DÉDUCTIBLE (lignes 22 + 23 + 24 + 25 + AE)***		38310
2E	Dont TVA déductible sur les produits pétroliers	0711	....

Si vous réalisez des opérations intracommunautaires, pensez à l'état récapitulatif des clients (livraisons de biens) ou à la déclaration européenne de services (prestations de services) à souscrire auprès de la Direction Générale des Douanes et des Droits indirects (cf. notice de la déclaration CA12).

III – TVA NETTE

	RÉSULTAT DE LA LIQUIDATION		*Taxe*
28	TVA due : (Ligne 19 – ligne 26) ou		21290
29	CRÉDIT : (Ligne 26 – ligne 19)	0705	....

IMPUTATIONS/RÉGULARISATIONS

	Col. 1 : Montant **effectivement payé**	Col. 2 : Montant **restant à payer**				
Acompte 1 juillet	7629	....	30	Acomptes payés et / ou restant dus (Tot. 1 + Tot. 2)	0018	13177
Acompte 2 décembre	5548	....				
	Tot. 1 13177	**Tot. 2**				

	RÉSULTAT NET		
33	**SOLDE À PAYER** si ligne 28 – (lignes 29 + 30) ≥ 0 ou		....
34	**EXCÉDENT DE VERSEMENT :** si ligne 30 – ligne 28 ≥ 0		8113
35	**SOLDE EXCÉDENTAIRE :** (lignes 29 + 34)	0020	....

V - RÉCAPITULATION

49	Solde excédentaire (report de la ligne 35)		....	54	TVA (report de la ligne 33)	8113
50	Remboursement demandé au cadre VI, page 4	8002	....	55	Taxes assimilées (total lignes 36 à 93)	....
51	Crédit à reporter (cette somme est à reporter ligne 24 de la prochaine déclaration CA 12 / CA 12 E)	8003	....		**ATTENTION ! UNE SITUATION DE TVA CRÉDITRICE (LIGNE 49 SERVIE) NE DISPENSE PAS DU PAIEMENT DES TAXES ASSIMILÉES DÉCLARÉES LIGNE 55**	
52	Crédit imputé sur les prochains acomptes	8004	....			
	Acomptes (cochez les cases correspondant aux acomptes déduits l. 30). Précisez l'année.					
58	☒ Juillet 2023 ☒ Décembre 2023			56	**TOTAL À PAYER** *(lignes 54 + 55)* (N'oubliez pas de joindre le règlement correspondant)	8113

	BASE DE CALCUL DES ACOMPTES DUS AU TITRE DE L'EXERCICE SUIVANT	
57	TVA [ligne 16 – (lignes 11 + 12 + 22)]	23600

Remarque : déclaration simplifiée

CA12 : DÉCLARER ET PAYER SA TVA

Les ventes et les prestations de service sont soumises à la taxe sur la valeur ajoutée (TVA), perçue par le professionnel qui réalise ces opérations et doit la reverser aux services des impôts. Pour les opérations imposables, la taxe est calculée sur le prix hors taxe selon des taux différents. Le régime d'imposition (normal ou simplifié) dépend du montant du chiffre d'affaires réalisé par l'entreprise et du montant de TVA exigible annuel.

Régime du réel simplifié

Conditions

Les entreprises ne bénéficiant pas de la franchise en base de TVA peuvent toutefois être éligibles au régime simplifié d'imposition (RSI) leur permettant ainsi d'alléger leurs obligations déclaratives et de paiement.

Les entreprises doivent réaliser un CAHT annuel compris entre :

- **36 800 €** et **254 000 €** pour les prestations de service et les professions libérales relevant des BNC et des BIC,
- **91 900 €** et **840 000 €** pour les activités de commerce et d'hébergement (hôtels, chambres d'hôtes, gîtes ruraux, meublés de tourisme).

Autre condition : à partir des exercices clos au 31 décembre 2014, le montant annuel de TVA exigible doit être inférieur à **15 000 €**.

Ce régime est applicable aux entreprises qui remplissent les conditions de chiffre d'affaires, quel que soit leur régime d'imposition : impôt sur les sociétés ou impôt sur le revenu en catégorie BIC ou BNC.

Déclaration et paiement

La déclaration simplifiée est effectuée sur une base annuelle, au plus tard le 2e jour ouvré suivant le 1er mai, au moyen de l'imprimé 3517-S - CA 12.

Si l'exercice ne correspond pas à l'année civile, la déclaration doit être effectuée dans les 3 mois suivant sa clôture.

La déclaration permet de récapituler l'ensemble des opérations imposables à la TVA de l'année précédente et de déterminer la base de calcul des acomptes de l'année suivante.

Depuis 2015, la TVA doit être payée par 2 acomptes semestriels, calculés à partir de la taxe due au titre de l'exercice précédent :

- 55 % en juillet,
- de 40 % en décembre.

Avant prise en compte de la TVA sur immobilisations

Si la base de calcul des acomptes est inférieure à **1 000 €**, il y a dispense du versement d'acomptes : la TVA est payée pour l'année entière lors de la déclaration annuelle.

Source : *http://www.impots.gouv.fr/portail/professionnel/tva*

À RETENIR

TVA CA12 : déclarations et écritures

Pour le régime simplifié de TVA, la déclaration est annuelle. Il faut calculer la TVA due pour l'année précédente.

La «télé-déclaration» est obligatoire pour toutes les entreprises.

TVA à décaisser = TVA COLLECTEE de l'année – TVA DÉDUCTIBLE de l'année – les acomptes déjà versés en cours d'année

Les acomptes sont semestriels et sont dus en juillet et décembre. Ils se calculent par rapport à la TVA de l'année précédente sans prendre en compte la TVA déductible sur les immobilisations. Le premier représente 55 % de la TVA de l'année précédente (avant déduction de la TVA déductible sur immobilisations) et le second est égal à 40 % de cette même base.

Les montants sont arrondis à l'euro le plus proche.

COMPTABILISATION CA12 :

4452 TVA due intracommunautaire
4457 TVA collectée
44567 Crédit de TVA de l'année

44562 TVA déductible sur immobilisations
44566 TVA déductible sur ABS
44567 Crédit de TVA (N-1)
44581 Acompte de TVA pour solde

ou

44551 TVA à décaisser

658 ou **758** **pour la gestion des ARRONDIS**

TESTEZ-VOUS !

https://eqrcode.co/a/tq2Yml

Ce questionnaire est également disponible en ligne.

	VRAI	FAUX
1 Les entreprises soumises au régime simplifié doivent déclarer et payer leur TVA mensuellement.		X
2 La TVA de 2023 doit être déclarée et payée fin 2023.		X
3 Le compte 44567 a toujours un solde créditeur ou nul.	~~X~~	X
4 Le compte 44551 a toujours un solde créditeur ou nul.	X	
5 Les entreprises soumises au régime simplifié doivent payer 2 acomptes en juillet et décembre.	X	
6 Les acomptes sont comptabilisés au débit du compte 44581 quand ils sont versés en juillet et décembre.	X	
7 Les acomptes représentent respectivement 55 % et 40 % de la TVA payée l'année précédente.		X

ENTRAÎNEMENTS

Entraînement 1 CAS L'OLIVIER d'après sujet BTS / MINISTÈRE DE L'ENSEIGNEMENT SUPÉRIEUR, DE LA RECHERCHE ET DE L'INNOVATION-2017

Fiche d'identité	
Code dossier	OLI
Raison sociale & forme juridique	**L'Olivier:** entreprise individuelle de Mme Sophie Oliva
Activité	Vente au détail d'huile d'olive bio, livres de recettes et produits dérivés (huiliers, cuves, becs verseurs...).
Lieu d'activité	Un magasin situé au centre-ville de Bordeaux: **L'Olivier**
Date de création	1er juin 2002
Régime fiscal	Réel simplifié
Taux de TVA	L'huile d'olive et les livres sont soumis au taux réduit de TVA. Les produits dérivés sont soumis au taux normal de TVA.
Exercice comptable	Du 1er janvier au 31 décembre

Déclaration de TVA CA12

Après passation des écritures de régularisation, M. Lamentin édite la déclaration de TVA CA12 de l'année 2023 et un extrait de la balance au 31/12/, à l'aide du logiciel comptable.

Il vous demande de réaliser un ensemble de travaux relatifs à cette déclaration.

À l'aide des **annexes 1 et 2**:

1 Compléter la fiche de contrôle de la déclaration CA12, présentée en **annexe** par une justification arithmétique et comptable.

2 Passer l'écriture qui découle de la déclaration CA12 **(annexe 3)**.

3 Présenter l'échéancier fiscal de 2024 figurant en **annexe 4**.

Fiche de contrôle TVA CA12

Ligne	Intitulé	Montant	Justification	
			Comptable	Arithmétique
05	Taxe due taux normal 20 %	3 094	Solde du compte 445712 arrondi à l'euro	15 470 x 20 %
06	Taxe due taux réduit 5,5 %	13 454	solde du compte 445711	(244467 + 3150) x 5,5%
14	Taxe due sur acquisitions intracommunautaires	1 884	solde du compte 445200	34250 x 5,5%
23	TVA déductible sur immobilisations	200	44562	
30	Acomptes payés	9 101	445810	
57	Base de calcul des acomptes dus au titre de l'exercice suivant	11 864		

Annexe 1 Extrait de la balance au 31/12

Compte		Soldes	
Numéro	Intitulé	Débit	Crédit
218100	Installations générales, agencements, aménagements divers	14 900,00	
218300	Matériel de bureau et mat. informatique	1 620,00	
445200	TVA due intracommunautaire		1 883,75
44562	TVA déductible sur immobilisations	199,92	
445661	TVA déductible sur ABS 5,5 %	4 216,63	
445662	TVA déductible sur ABS 20 %	2 351,70	
445711	TVA collectée 5,5 %		13 453,99
445712	TVA collectée 20 %		3 094,00
445810	TVA acomptes régime simplifié	9 101,00	
606100	Fournitures non stockables	1 400,00	
606400	Fournitures administratives	568,47	
607101	Achats huile d'olive	30 713,00	
607102	Achats huile d'olive UE	34 250,00	
607103	Achats huile d'olive importations	9 853,00	
607200	Achats de livres	1 850,00	
607300	Achats de produits dérivés à 20 %	10 030,00	
707100	Ventes d'huile d'olive à 5,5 %		241 467,50
707200	Ventes de livres à 5,5 %		3 150,50
707300	Ventes de produits dérivés à 20 %		15 470,00

Annexe 2 Extrait déclaration CA12

I – TVA BRUTE

	OPÉRATIONS NON TAXÉES		Base hors taxe		OPÉRATIONS NON TAXÉES		Base hors taxe
01	Achats en franchise	0037	....	4B	Ventes de biens ou prestations de services réalisées par un assujetti non établi en France (article 283-1 du code général des impôts)	0043	....
02	Exportations hors UE	0032	....				
03	Autres opérations non imposables	0033	....				
3A	Ventes à distance taxables dans un autre État membre au profit de personnes non assujetties –	0047	....				
3B	Mises à la consommation de produits pétroliers	0049	....	4D	Livraisons d'électricité, de gaz naturel, de chaleur ou de froid non imposables en France	0029	....
04	Livraisons intracommunautaires à destination d'une personne assujettie –	0034	....				

	OPÉRATIONS TAXÉES		*Base hors taxe*	*Taxe due*
	– réalisées en France métropolitaine			
5A	Taux normal 20 %	0207	15 470	3 094
5B	Taux normal 20 % sur les produits pétroliers	0208		
06	Taux réduit 5,5 %	0105	244 618	13 454
6C	Taux réduit 10 %	0151		
…/…				
14	Acquisitions intracommunautaires imposables au titre de l'exercice civil du 01/01/2021 au 31/12/2021 (cf notice pour les exercices clos en 2022)	0031	34 250	1 884
15	*Dont* TVA sur immobilisations	0982		
16	***TOTAL DE LA TAXE DUE (ligne 5A à 14)***			18 432
…/…				
19	***TOTAL DE LA TVA BRUTE DUE (lignes 16 + 17 + 18 + AD)***			18 432

II – TVA DÉDUCTIBLE			
	AUTRES BIENS ET SERVICES		*Taxe déductible*
20	Déductions sur factures (1)	0702	6 568
21	Déductions forfaitaires (1)	0704	
22	***TOTAL (lignes 20 + 21)***		6 568
	IMMOBILISATIONS		
23	TVA déductible sur immobilisations (1)	0703	200
26	***TOTAL DE LA TVA DÉDUCTIBLE (lignes 22 + 23 + 24 + 25 + AE)***		6 768
2E	Dont TVA déductible sur les produits pétroliers	0711	

Si vous réalisez des opérations intracommunautaires, pensez à l'état récapitulatif des clients (livraisons de biens) ou à la déclaration européenne de services (prestations de services) à souscrire auprès de la Direction Générale des Douanes et des Droits indirects (cf. notice de la déclaration CA12).

III – TVA NETTE			
	RÉSULTAT DE LA LIQUIDATION		*Taxe*
28	TVA due : (Ligne 19 – ligne 26) ou		11 664
29	CRÉDIT : (Ligne 26 – ligne 19)	0705	
	IMPUTATIONS/RÉGULARISATIONS		

	Col. 1 : Montant **effectivement payé**	Col. 2 : Montant **restant à payer**
Acompte 1	5 269	
Acompte 2	3 832	
	Tot. 1	**Tot. 2**

30	Acomptes payés et / ou restant dus (Tot. 1 + Tot. 2)	0018	9 101
	RÉSULTAT NET		
33	**SOLDE À PAYER** si ligne 28 – (lignes 29 + 30) ≥ 0 ou		2 563
34	**EXCÉDENT DE VERSEMENT :** si ligne 30 – ligne 28 ≥ 0		
35	**SOLDE EXCÉDENTAIRE :** (lignes 29 + 34)	0020	

…/…

V - RÉCAPITULATION						
49	Solde excédentaire (report de la ligne 35)			54	TVA (report de la ligne 33)	2 563
50	Remboursement demandé au cadre VI, page 4	8002		55	Taxes assimilées (total lignes 36 à 93)	
51	Crédit à reporter (cette somme est à reporter ligne 24 de la prochaine déclaration CA 12 / CA 12 E)	8003			**ATTENTION ! UNE SITUATION DE TVA CRÉDITRICE (LIGNE 49 SERVIE) NE DISPENSE PAS DU PAIEMENT DES TAXES ASSIMILÉES DÉCLARÉES LIGNE 55**	
52	Crédit imputé sur les prochains acomptes	8004				
	Acomptes (cochez les cases correspondant aux acomptes déduits l. 30). Précisez l'année.					
58	☐ Juillet |_|_|_|_| ☐ Décembre |_|_|_|_|			56	**TOTAL À PAYER** *(lignes 54 + 55)* (N'oubliez pas de joindre le règlement correspondant)	2 563
	BASE DE CALCUL DES ACOMPTES DUS AU TITRE DE L'EXERCICE SUIVANT					
57	TVA [ligne 16 – (lignes 11 + 12 + 22)]					11 864

Annexe 3 Bordereau comptable

Dossier :						
Date	Code journal	N° de compte		Libellé opération	Montant	
		Général	Tiers		Débit	Crédit
31	OD	445711			13453,59	
		445712			3094	
		452			1883,75	
		44562				199,92
		445661				4216,63
		445662				2357,70
		445810				9101
		44551				2563
		658			0,51	

Annexe 4 Échéancier 2024

Dates prévisionnelles de paiement	Opérations à effectuer	Calcul	Montant
15/07	**Paiement 1er acompte**	11 864 x 55 %	6525
15/12	Paiement 2ème acompte	11 864 x 40 %.	4746

Entraînement 2 NÉGO TÉLÉDÉCLARATION

Maintenant que vous avez acquis les compétences nécessaires, le cabinet dans lequel vous travaillez vous laisse gérer en toute autonomie les déclarations de TVA, y compris la télé-déclaration et la comptabilisation.

Le cabinet vous remet le dossier de la SARL Négo, entreprise spécialisée dans le négoce d'articles de décoration (tous imposés à 20 %). Cette SARL est soumise au régime simplifié d'imposition. Tous les partenaires ont fourni leur numéro d'identification intracommunautaire. L'entreprise remplit toutes les formalités nécessaires.

Les acomptes versés en 2023 se sont élevés à 7 500 € (4 000 + 3 500).

Nego.xlsx

BI MÉDIA

On vous demande de calculer la TVA due en 2023 et de comptabiliser la déclaration CA12 qui sera déposée en 2024. Vous télé-déclarerez cette déclaration. Vous calculerez aussi les acomptes qui seront versés en 2024. Vous pouvez activer votre lien pour télécharger le fichier Excel correspondant, feuille de travail Nego.xlsx.

https://eqrcode.co/a/YnqMCA

Opérations de l'année	
Opérations	**Montants HT**
Ventes France marchandises HT	380 000,00
Ventes en Suisse marchandises HT	90 000,00
Ventes en Allemagne marchandises HT	60 000,00
Cession immo d'occasion	4 000,00
Acquisition France immobilisation	60 000,00
Achats HT de marchandises France	250 000,00
Achats HT de marchandises en Belgique	25 000,00
Achats HT de services en France sans option	60 000,00
dont réglés dans l'année	19 933,33

	TVA collectée		TVA déductible	
	44571	4452	44562	44566
Ventes France marchandises HT	76 000			
Ventes en Suisse marchandises HT	—	—	—	—
Ventes en Allemagne marchandises HT				
Cession immo d'occasion				
Acquisition immobilisations				
Achats HT de marchandises France				
Achats HT de marchandises en Belgique				
Achats HT de services en France sans option				

CALCULS LIQUIDATION CA12 ET ACOMPTES :

I – TVA BRUTE							
	OPÉRATIONS NON TAXÉES		**Base hors taxe**		**OPÉRATIONS NON TAXÉES**		**Base hors taxe**
01	Achats en franchise	0037	....	4B	Ventes de biens ou prestations de services réalisées par un assujetti non établi en France (article 283-1 du code général des impôts)	0043	....
02	Exportations hors UE	0032	....				
03	Autres opérations non imposables	0033	....				
3A	Ventes à distance taxables dans un autre État membre au profit de personnes non assujetties –	0047	....				
3B	Mises à la consommation de produits pétroliers	0049	....	4D	Livraisons d'électricité, de gaz naturel, de chaleur ou de froid non imposables en France	0029	....
04	Livraisons intracommunautaires à destination d'une personne assujettie –	0034	....				

	OPÉRATIONS TAXÉES		***Base hors taxe***	***Taxe due***
	– réalisées en France métropolitaine			
5A	Taux normal 20 %	0207	....	....
5B	Taux normal 20 % sur les produits pétroliers	0208	....	....
06	Taux réduit 5,5 %	0105	....	....
6C	Taux réduit 10 %	0151	....	....
	– réalisées dans les DOM			
07	Taux normal 8,5 %	0201	....	....
08	Taux réduit 2,1 %	0100	....	....
	– à un autre taux (France métropolitaine ou DOM)			
09	Opérations imposables à un taux particulier	0950	....	....
9A	Taux réduit 13 % sur les produits pétroliers	0152	....	....
10	Anciens taux	0900	....	....
	– autres opérations			
AA	Livraisons d'électricité, de gaz naturel, de chaleur ou de froid imposables en France	0030	....	....
AB	Achats de biens ou de prestations de services réalisés auprès d'un assujetti non établi en France (article 283-1 du code général des impôts)	0040	....	....
AC	Achats de prestations de services intracommunautaires (article 283-2 du code général des impôts)	0044	....	....
11	Cessions d'immobilisations	0970	....	....
12	Livraisons à soi-même	0980	....	....
13	Autres opérations imposables	0981	....	....
14	Acquisitions intracommunautaires imposables au titre de l'exercice civil du 01/01/2021 au 31/12/2021 (cf notice pour les exercices clos en 2022)	0031	....	....
15	*Dont* TVA sur immobilisations	0982	|______|	
16	***TOTAL DE LA TAXE DUE (ligne 5A à 14)***			....
	Autre TVA DUE			
17	Remboursements provisionnels obtenus en cours d'année ou d'exercice	0983		....
18	TVA antérieurement déduite à reverser dont TVA sur les produits pétroliers	0600		....
AD	Sommes à ajouter	0602		....
19	***TOTAL DE LA TVA BRUTE DUE (lignes 16 + 17 + 18 + AD)***			....

II – TVA DÉDUCTIBLE			
	AUTRES BIENS ET SERVICES		***Taxe déductible***
20	Déductions sur factures (1)	0702	....
21	Déductions forfaitaires (1)	0704	....
22	***TOTAL (lignes 20 + 21)***		....
	IMMOBILISATIONS		
23	TVA déductible sur immobilisations (1)	0703	....

– 2 –

	AUTRE TVA À DÉDUIRE		
24	Crédit antérieur non imputé et non remboursé	0058	....
25	Omissions ou compléments de déductions dont régularisations TVA déductible sur les produits pétroliers	0059	....
25 A	(1) Compte-tenu, le cas échéant, du coefficient de déduction .... %		
AE	Sommes à imputer	0603	....
26	***TOTAL DE LA TVA DÉDUCTIBLE (lignes 22 + 23 + 24 + 25 + AE)***		....
2E	Dont TVA déductible sur les produits pétroliers	0711	....

Si vous réalisez des opérations intracommunautaires, pensez à l'état récapitulatif des clients (livraisons de biens) ou à la déclaration européenne de services (prestations de services) à souscrire auprès de la Direction Générale des Douanes et des Droits indirects (cf. notice de la déclaration CA12).

III – TVA NETTE

	RÉSULTAT DE LA LIQUIDATION		*Taxe*
28	TVA due : (Ligne 19 – ligne 26) ou		....
29	CRÉDIT : (Ligne 26 – ligne 19)	0705	....

IMPUTATIONS/RÉGULARISATIONS

	Col. 1 : Montant **effectivement payé**	Col. 2 : Montant **restant à payer**				
Acompte 1	....	....	30	Acomptes payés et / ou restant dus (Tot. 1 + Tot. 2)	0018	....
Acompte 2	....	....				
	Tot. 1	**Tot. 2**				

	RÉSULTAT NET		
33	**SOLDE À PAYER** si ligne 28 – (lignes 29 + 30) ≥ 0 ou		....
34	**EXCÉDENT DE VERSEMENT :** si ligne 30 – ligne 28 ≥ 0		....
35	**SOLDE EXCÉDENTAIRE :** (lignes 29 + 34)	0020	....

.../...

V - RÉCAPITULATION

49	Solde excédentaire (report de la ligne 35)		....	54	TVA (report de la ligne 33)	....
50	Remboursement demandé au cadre VI, page 4	8002	....	55	Taxes assimilées (total lignes 36 à 93)	....
51	Crédit à reporter (cette somme est à reporter ligne 24 de la prochaine déclaration CA 12 / CA 12 E)	8003	....		**ATTENTION ! UNE SITUATION DE TVA CRÉDITRICE (LIGNE 49 SERVIE) NE DISPENSE PAS DU PAIEMENT DES TAXES ASSIMILÉES DÉCLARÉES LIGNE 55**	
52	Crédit imputé sur les prochains acomptes	8004	....			
	Acomptes (cochez les cases correspondant aux acomptes déduits l. 30). Précisez l'année.					
58	☒ Juillet 2013	☒ Décembre 2013		56	**TOTAL À PAYER** *(lignes 54 + 55)* (N'oubliez pas de joindre le règlement correspondant)	3313

	BASE DE CALCUL DES ACOMPTES DUS AU TITRE DE L'EXERCICE SUIVANT	
57	TVA [ligne 16 – (lignes 11 + 12 + 22)]	22013

VI – DEMANDE DE REMBOURSEMENT

Crédit remboursable dégagé à la clôture de l'année ou de l'exercice (≥ 150 €, ou, < à 150 € uniquement en cas de cession, décès, entrée dans un groupe TVA) (ligne 29)	*a*	
Excédent de versement dégagé (ligne 34)	*b*	
Maximum remboursable (a + b)	*c*	
Remboursement demandé	*d*	
Crédit reportable (c – d)	*e*	

Le soussigné (nom, prénom, qualité) :

demande le remboursement de la somme de (en chiffres) [ ] À .... , Le ....

– à créditer au compte désigné [ ] Cocher selon le choix Signature :

– à imputer sur une échéance future (joindre l'imprimé n° 3516) [ ]

.../...

Depuis le 1er octobre 2014, vous avez l'obligation de télédéclarer et télépayer la TVA par transfert de fichier ou Internet.
La somme due est prélevée automatiquement, au plus tôt à la date d'échéance.
Les demandes de remboursement de crédit de TVA doivent également être télétransmises.
Pour plus d'informations, vous pouvez vous connecter sur le site www.impots.gouv.fr, rubrique « Professionnels » ou contacter votre service.

Remarque : déclaration simplifiée.

Entraînement 3 PORTANEUF

Pour vérifier la maîtrise des compétences :

➡ **modulation des acomptes**

Un collaborateur du cabinet dans lequel vous travaillez vient de recevoir un courriel de l'entreprise PORTANEUF, une entreprise lyonnaise spécialisée dans le négoce de pièces détachées pour téléphones portables et soumise au régime simplifié d'imposition en matière de TVA.

Le collaborateur vous a transféré le courriel et vous demande de vous en occuper.

Sans titre - Message (HTML)

Message | Insertion | Options | Format du texte | Adobe PDF

Coller | Presse-papiers | Texte simple | Carnet d'adresses | Vérifier les noms | Noms | Joindre un fichier | Joindre l'élément | Carte de visite | Calendrier | Signature | Inclure | Assurer un suivi | Options | Orthographe | Vérification

Envoyer

De... portaneuf@orange.fr

À... collaborateur…@cab-supcompta.com

Date : 30/06/2024

Objet : acompte TVA

PJ : données 1er semestre 2024

Bonjour,

L'entreprise va devoir payer en juillet 2024 son premier acompte semestriel de TVA d'un montant de 7 000 € ; vous m'aviez communiqué ce montant le mois dernier lors de la déclaration de notre CA12 de 2023.

Or, nous rencontrons des difficultés ce premier semestre. Notre CA est en baisse suite à une moindre demande et à une concurrence accrue sur internet et nous avons donc des problèmes de trésorerie.

C'est pourquoi je souhaiterais savoir s'il serait possible de suspendre le paiement de cet acompte ?

Je vous joins en pièce jointe les données pour la TVA du premier semestre 2024.

Dans l'attente de votre réponse, cordialement,...

Pièce jointe :
Données du 1er semestre :
CAHT : 35 000 €
TVA déductible sur immo : 500
TVA déductible sur ABS : 1 600

Sans titre - Message (HTML)

Message | Insertion | Options | Format du texte | Adobe PDF

Coller | Presse-papiers | Texte simple | Carnet d'adresses | Vérifier les noms | Noms | Joindre un fichier | Joindre l'élément | Carte de visite | Calendrier | Signature | Inclure | Assurer un suivi | Options | Orthographe | Vérification

Envoyer

De... collaborateur…@cab-supcompta.com

À... portaneuf@orange.fr

Date : 01/07/2024

Objet : Re : acompte TVA

PJ :

[...]
Il n'est pas possible de suspendre le paiment de cet acompte mais il est possible par contre d'en moduler à la baisse.
en effet, votre TVA réelle du premier semestre 2024 se monte à (35000 x 20 %) - 500 - 1600

Documentation Modulation des acomptes

a. Suspension des acomptes

260

S'il estime que le montant des acomptes déjà versés au titre de l'année ou de l'exercice est égal ou supérieur au montant de la taxe qui sera finalement due, le redevable peut se dispenser de nouveaux versements.

Exemple : 1 acompte de 5 000 € appelé, TVA due pour l'exercice de 5 000 €, suspension du 2e acompte.

b. Augmentation du montant des acomptes

270

S'il estime que la taxe qui sera finalement due sera supérieure d'au moins 10 % à celle qui a servi de base aux acomptes, le redevable peut modifier à la hausse le montant de ces derniers.

c. Diminution du montant des acomptes

280

Les entreprises sont autorisées à diminuer le dernier acompte avant suspension, si le paiement partiel effectué au titre de cet acompte représente le solde de la taxe dont le redevable estime être débiteur au titre de l'année ou de l'exercice en cours.

Exemple : 1 acompte de 6 000 € appelé, TVA due pour l'exercice de 5 000 €, paiement de 5 000 € au titre du 1er acompte, suspension du dernier acompte.

290

S'il estime que la taxe due à raison des opérations réalisées au cours d'un semestre, après imputation de la taxe déductible au titre des immobilisations, est inférieure d'au moins 10 % au montant de l'acompte qui lui est réclamé, le redevable peut diminuer à due concurrence le montant de cet acompte, en transmettant, au plus tard à la date d'exigibilité de l'acompte, une déclaration n° 3514-SD (CERFA n° 11744), consultable sur le site www.impots.gouv.fr à la rubrique « Recherche de formulaire ».

Extrait http://bofip.impots.gouv.fr/bofip/2421-PGP.html

CHAPITRE 11

TVA : préparons l'examen

Cas 1

CAS FITNESS PRO

EXTRAIT D'UN SUJET DE BTS CG (MÉTROPOLE 2017)/ MINISTÈRE DE L'ENSEIGNEMENT SUPÉRIEUR, DE LA RECHERCHE ET DE L'INNOVATION

La SARL FITNESS PRO au capital de 40 000 € propose au centre-ville de Bergerac, différentes activités sportives en salle : musculation sur des appareils individuels et des cours collectifs (gymnastique, step, pilate, Crossfit).

Les clients souscrivent un abonnement annuel et règlent en douze prélèvements. Certains usagers bénéficient d'un abonnement payé par leur comité d'entreprise qui règle à 30 jours nets les prestations facturées.

La société vend également sur place une gamme de produits alimentaires protéinés et diététiques achetés auprès d'un fournisseur exclusif DIET DISTRIB.

Elle a été créée en 2013 par deux associés, M. Medhi FASOUAL et M. Olivier SARISSE.

Effectif	2 associés salariés à temps plein et 8 éducateurs sportifs embauchés à temps partiel
Clôture de l'exercice	31 décembre de chaque année
Régime fiscal en matière de TVA	L'entreprise est soumise au régime du réel normal et n'a pas opté pour les débits. Taux applicables : - Taux normal à 20 % pour les prestations de services et articles vestimentaires - Taux réduit à 5,5 % pour les produits protéinés et diététiques
Régime fiscal en matière d'imposition	Les bénéfices de la société sont soumis à l'impôt sur les sociétés.

VOTRE MISSION GESTION DE LA TVA **Annexes A1 à A3 / Annexe C1 (à rendre avec la copie)**

M. Sarisse s'est absenté pour plusieurs jours. Avant son départ, il vous demande de terminer le traitement des opérations courantes du mois de décembre. Il met à votre disposition une documentation comptable pour vous aider dans la réalisation de cette tâche.

La déclaration mensuelle de la TVA est générée par le module comptable du progiciel SOFT PGI. Suite à l'installation d'une nouvelle version de ce PGI, M. Sarisse vous demande de vérifier la déclaration du mois de décembre à partir de l'état de contrôle habituellement utilisé. Il vous communique l'extrait de la balance des comptes qui prend en compte l'intégralité des opérations de décembre. Par ailleurs, il vous informe qu'il n'y a pas eu d'avoir sur ventes et qu'aucun achat de prestations de services n'a été réglé sur cette période.

Vous devez procéder au contrôle de la déclaration de TVA générée par le PGI. Puis vous rendrez compte par courriel à M. Sarisse des éventuelles erreurs de paramétrage repérées sur la première impression de l'imprimé CA3.

Annexe A1 Extrait de la balance des comptes après traitement intégral des opérations courantes de décembre

Comptes généraux du 411000 au 709000 — Exercice En cours
Dates comptables du 01/12/ au 31/12/

N° compte	Intitulé du compte	Total Débit	Total Crédit	Solde débiteur	Solde créditeur
411001	Clients, abonnements prélevés	52 280,40	52 280,40		
411002	Clients, abonnements facturés	6 863,20	2 752,00	4 111,20	
445620	État, TVA déductible sur immobilisations	3 980,00		3 980,00	
445661	État, TVA déductible sur ABS 5,5 %	929,88	452,12	477,76	
445662	État, TVA déductible sur ABS 20 %	5 315,35	2 407,10	2 908,25	
445711	État, TVA collectée sur prestations services	8 915,00	18 087,07		9 172,07
445712	État, TVA collectée sur ventes produits	265,00	519,00		254,00
445714	État, TVA en attente d'encaissement	458,67	1 143,87		685,20
706001	Ventes d'abonnements prélevés		43 567,00		43 567,00
706002	Ventes d'abonnements facturés		3 426,00		3 426,00
707001	Ventes de produits protéinés		2 945,26		2 945,26
707002	Ventes de produits minceurs		1 673,00		1 673,00

Annexe A2 Extrait de la procédure comptable de FITNESS PRO

[...] Les factures sont établies en fin de mois:

– Les clients abonnés sont prélevés le 1er de chaque mois. La facturation et l'enregistrement (compte 706001 Ventes d'abonnements prélevés) sont réalisés le dernier jour de ce même mois. La procédure est identique pour les encaissements des nouveaux abonnés reçus en cours de mois.

	512 Banque		411001 Clients, abonnements prélevés		706001 Ventes d'abonnements prélevés		445711 État, TVA collectée sur prestations de services	
Prélèvement	TTC			TTC				
Facturation			TTC			HT		TVA

– Les abonnements payés par les comités d'entreprise donnent lieu à une facturation en fin de mois (compte 706002 Ventes d'abonnements facturés) et seront réglés par virement à 30 jours. [...]

	512000 Banque		411002 Clients, abonnements facturés		706002 Ventes d'abonnements facturés		445714 État, TVA en attente d'encaissement		445711 État, TVA collectée sur prestations de services	
Prélèvement			TTC			HT		TVA		
Virement	TTC			TTC			TVA			TVA

Annexe A3 Déclaration de TVA CA3 de décembre générée par le PGI à contrôler

A MONTANT DES OPÉRATIONS RÉALISÉES

	OPÉRATIONS TAXÉES (HT.)				OPÉRATIONS NON TAXÉES		
A1	Ventes, prestations de services	0979	50 478	E1	Exportations hors UE	0032	
A2	Autres opérations imposables	0981		E2	Autres opérations non imposables	0033	
A3	Achats de prestations de services intracommunautaires (article 283-2 du code général des impôts)	0044		E3	Ventes à distance taxables dans un autre État membre au profit des personnes non assujetties	0047	
A4	Importations (autres que les produits pétroliers)	0056		E4	Importations (autres que les produits pétroliers)	0052	
A5	Sorties de régime fiscal suspensif (autres que les produits pétroliers)	0051		E5	Sorties de régime fiscal suspensif (autres que les produits pétroliers)	0053	
B1	Mises à la consommation de produits pétroliers	0048		E6	Importations placées sous régime fiscal suspensif (autres que les produits pétroliers)	0054	
B2	Acquisitions intracommunautaires	0031		F1	Acquisitions intracommunautaires	0055	
B3	Livraisons d'électricité, de gaz naturel, de chaleur ou de froid imposables en France	0030		F2	Livraisons intracommunautaires à destination d'une personne assujettie	0034	
B4	Achats de biens ou de prestations de services réalisés auprès d'un assujetti non établi en France (article 283-1 du code général des impôts)	0040		F3	Livraisons d'électricité, de gaz naturel, de chaleur ou de froid non imposables en France	0029	
B5	Régularisations (important : cf. notice)	0036		F4	Mises à la consommation de produits pétroliers	0049	
				F5	Importations de produits pétroliers placées sous régime fiscal suspensif	0050	
				F6	Achats en franchise	0037	
				F7	Ventes de biens ou prestations de services réalisées par un assujetti non établi en France (article 283-1 du code général des impôts)	0043	
				F8	Régularisations (important : cf. notice)	0039	

B DÉCOMPTE DE LA TVA À PAYER

	TVA BRUTE		Base hors taxe	Taxe due
	Opérations réalisées en France métropolitaine			
08	Taux normal 20 %	0207	45 860	9 172
09	Taux réduit 5,5 %	0105	4 618	254
9B	Taux réduit 10 %	0151		
	Opérations réalisées dans les DOM			
10	Taux normal 8,5 %	0201		
11	Taux réduit 2,1 %	0100		
	Opérations imposables à un autre taux (France métropolitaine ou DOM)			
13	Anciens taux	0900		
14	Opérations imposables à un taux particulier (décompte effectué sur annexe 3310 A)	0950		
	Produits pétroliers			
P1	Taux normal 20 %	0208		
P2	Taux réduit 13 %	0152		
	Importations			
I1	Taux normal 20 %	0210		
I2	Taux réduit 10 %	0211		
I3	Taux réduit 8,5 %	0212		
I4	Taux réduit 5,5 %	0213		
I5	Taux réduit 2,1 %	0214		
I6	Taux réduit 1,05 %	0215		
15	TVA antérieurement déduite à reverser (dont TVA sur les produits pétroliers ………………….) (dont TVA sur les produits importés hors produits pétroliers ………………….)	0600		
5B	Sommes à ajouter, y compris acompte congés (exprimées en euro)	0602		
16	**Total de la TVA brute due (lignes 08 à 5B)**			9 426
17	**Dont TVA sur acquisitions intracommunautaires**	0035		
18	**Dont TVA sur opérations à destination de Monaco**	0038		

La ligne 11 ne concerne que les DOM.
Les autres opérations relevant du taux de 2,1 % sont déclarées sur l'annexe 3310 A-SD.

	TVA DÉDUCTIBLE		
19	Biens constituant des immobilisations	0703	2 908
20	Autres biens et services	0702	4 458
21	Autre TVA à déduire (dont régularisation de : - TVA sur les produits pétroliers : - TVA sur les produits importés hors produits pétroliers : - TVA collectée sur autres produits ou PS [cf. notice] ou déductible :)	0059	
22	Report du crédit apparaissant ligne 27 de la précédente déclaration	8001	
2C	Sommes à imputer, y compris acompte congés (exprimées en euro)	0603	

22A	Indiquer le coefficient de taxation unique applicable pour la période s'il est différent de 100 ……… %	23	**Total TVA déductible (ligne 19 à 2C)**		7 366
		24	Dont TVA déductible sur importations hors produits pétroliers	0710	
		2E	Dont TVA déductible sur les produits pétroliers	0711	

	CRÉDIT				TAXE À PAYER		
25	Crédit de TVA (ligne 23 – ligne 16)	0705		28	**TVA nette due (ligne 16 – ligne 23).**		2 060
26	Remboursement de crédit demandé sur formulaire n° 3519 joint	8002		29	Taxes assimilées calculées sur annexe n° 3310 A-SD	9979	
AA	Crédit de TVA transféré à la société tête de groupe sur la déclaration récapitulative 3310-CA3G	8005		AB	Total à payer acquitté par la société tête de groupe sur la déclaration récapitulative 3310-CA3G (lignes 28 + 29)	9991	
27	Crédit à reporter (ligne 25 – ligne 26 – ligne AA) (Cette somme est à reporter ligne 22 de la prochaine déclaration)	8003		32	**Total à payer (lignes 28 + 29 – AB)** (N'oubliez pas de joindre le règlement correspondant)		2 060
	Attention ! Une situation de TVA créditrice (ligne 25 servie) ne dispense pas du paiement des taxes assimilées déclarées ligne 29.						

Remarque : déclaration simplifiée.

Annexe C1 État de contrôle de la TVA (à rendre avec la copie)

FITNESS PRO

Contrôle de la TVA du mois de : décembre

Ligne	Intitulé	Montant figurant sur la déclaration	Montant correct	Justification et calcul
A1	Ventes, prestations de services			
08 **Base HT**	Taux normal 20 %			
08 **Taxe due**	Taux normal 20 %			
09 **Base HT**	Taux réduit 5,5 %			
09 **Taxe due**	Taux réduit 5,5 %			
16	Total TVA brute			
19	Biens constituant des immobilisations			
20	Autres biens et services			
23	Total TVA déductible			
28	TVA nette due			
32	Total à payer			

Cas 2

CAS ACCEMODA / SUJET BTS CG

MINISTÈRE DE L'ENSEIGNEMENT SUPÉRIEUR, DE LA RECHERCHE ET DE L'INNOVATION – 2017

La SARL ACCEMODA a été créée en région lyonnaise par deux membres de la famille Vincenzi en 1975. Le capital de 150 000 € est encore aujourd'hui entièrement détenu par la famille Vincenzi.

La SARL est spécialisée dans la confection et le négoce d'accessoires de mode pour hommes (cravates, nœuds papillon et écharpes) et femmes (foulards et écharpes). ACCEMODA travaille avec certaines maisons de Haute Couture françaises en raison de la qualité de ses soieries.

En ce qui concerne la TVA, l'entreprise est soumise au régime normal d'imposition. La TVA déductible sur les achats de services auprès des fournisseurs n'ayant pas opté sur les débits est comptabilisée dans un compte d'attente au moment de la réception de la facture. Ce compte est soldé au moment du règlement.

Elle est soumise à l'IS pour l'imposition de ses bénéfices et peut bénéficier du taux réduit réservé aux PME.

Dominique Blondeau est comptable unique de l'entreprise. Un cabinet d'expertise comptable se charge des obligations sociales de la SARL et accompagne Dominique Blondeau pour certaines missions comptables comme par exemple la réalisation des documents de synthèse.

Dominique Blondeau se charge de facturer les clients, de contrôler et comptabiliser les différentes pièces, d'effectuer les déclarations fiscales (déclarations de TVA par exemple), d'enregistrer les écritures d'inventaire et de préparer les fiches pour que le cabinet puisse établir les bulletins de paie et les déclarations sociales. Un PGI est utilisé pour réaliser ces différents travaux.

VOTRE MISSION Gestion comptable et fiscale (TVA)

Annexes A1 à A2 / Annexe B1 à B2 / Annexe C1 (à rendre avec la copie)

Vous assistez Dominique Blondeau dans le traitement du dossier de Claude Parisot, VRP de la région Centre et Sud. Vous intervenez sur le remboursement de ses frais professionnels de décembre.

Comptabiliser les frais professionnels qui seront remboursés au salarié.

Annexe A1 Note de frais de Claude Parisot

ACCEMODA		**NOTE DE FRAIS**
Employé NOM :	**PARISOT**	Véhicule (CV) : 8
	Montant frais payés	Montant frais remboursés
PARKING	19,50	19,50
PÉAGE	107,00	107,00
HÔTEL	110,00	97,00
REPAS SEUL	118,00	116,30
REPAS INVITATION	90,00	90,00
Indemnités kilométriques		619,55
	Total frais remboursés	**1 049,35**

Annexe A2 Procédure de remboursement de frais

À la fin de chaque mois, les VRP doivent compléter un document appelé « Note de frais », document qu'ils doivent rendre impérativement avant le 5 du mois suivant accompagné de tous les justificatifs.

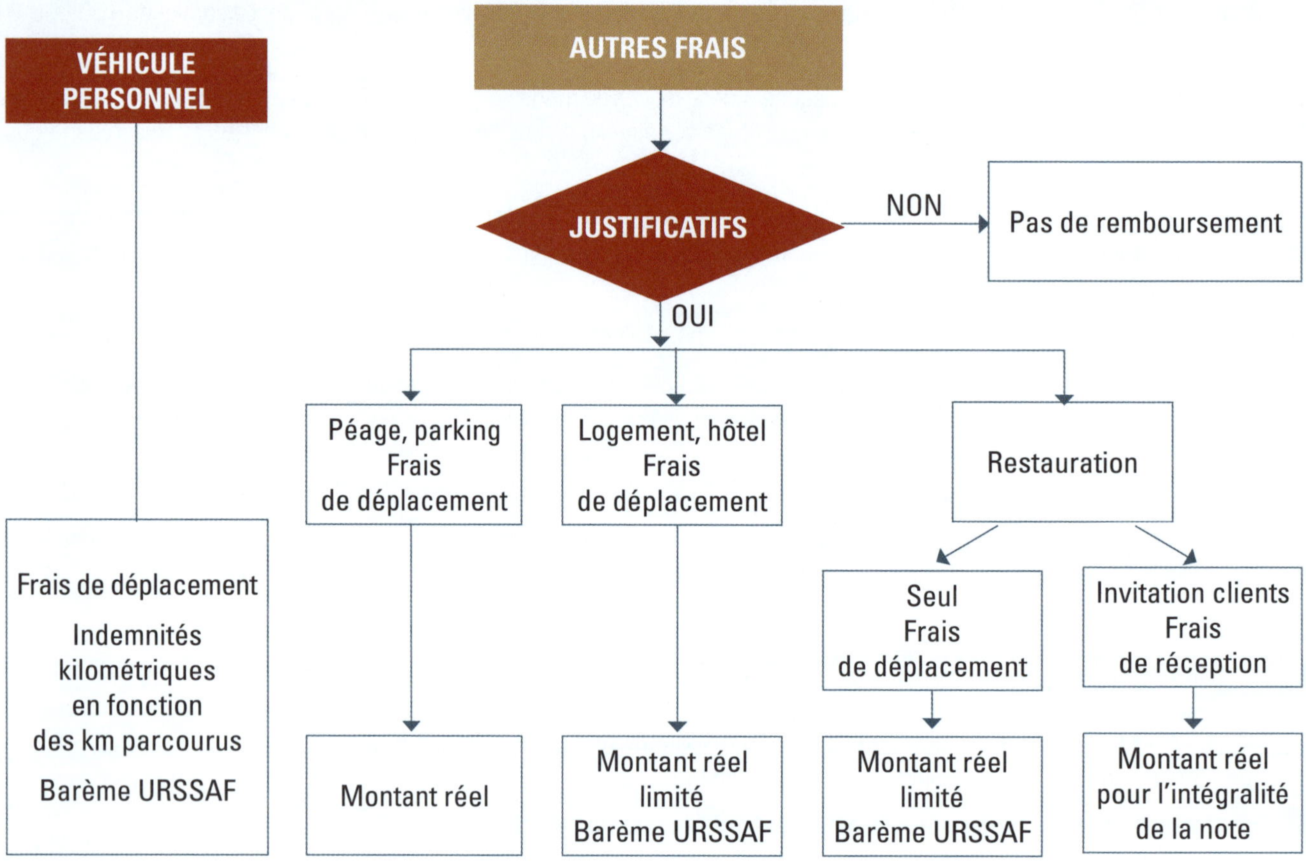

Annexe B1 Droit à déduction de la TVA sur les frais professionnels

Bien que répondant aux conditions générales de déduction, certains produits ou services sont exclus par les textes du droit à déduction de la TVA. C'est le cas des :

- dépenses de logement faites au bénéfice des dirigeants ou des salariés de l'entreprise ;
- véhicules conçus pour le transport de personnes qui sont inscrits à l'actif de l'entreprise (sauf pour les entreprises de transport de voyageurs ou les auto-écoles) ;
- biens cédés gratuitement ou à un prix inférieur à leur valeur normale (cadeaux) ;
- produits pétroliers ;
- services liés à des biens, eux-mêmes exclus.

www.impots.gouv.fr, DGFiP

Annexe B2 Taux de TVA

2,1 %	5,5 %	10 %	20 %
art. 281 quater et suivants du CGI – médicaments remboursables par la Sécurité sociale, – ventes d'animaux vivants de boucherie et de charcuterie à des non assujettis, – redevance télévision, – certains spectacles et aux publications de presse inscrites à la Commission paritaire des publications et agences de presse.	**art. 278-0 bis du CGI** – produits alimentaires (sauf exceptions), – équipements et services pour handicapés, – abonnements gaz et électricité, – fourniture de repas dans les cantines scolaires, – fourniture de chaleur produite à partir d'énergies renouvelables, – livres, – billetterie de spectacle vivant et cinéma, – logements sociaux et travaux d'amélioration de la qualité énergétique des logements...	**art. 278 bis et suivants du CGI** - produits agricoles non transformés, - bois de chauffage, - transports de voyageurs et hébergement en hôtel et camping, - restauration, - travaux d'amélioration du logement, - droits d'entrée dans les musées, zoo, etc.	**art. 278 du CGI** majorité des ventes de biens et des prestations de services : il s'applique à tous les produits ou services pour lesquels aucun autre taux n'est expressément prévu.

Annexe C1 Note de frais

ACCEMODA		NOTE DE FRAIS				Mois de : DÉCEMBRE	
Employé NOM :	**PARISOT**	**Véhicule (CV) : 8**					
	Montant frais remboursés	**TVA**		**Montant inscrit en charge**		**Montant TVA déductible**	
		Taux	**TVA déductible? Oui ou Non**	**Montant**	**Calcul**	**Montant**	**Calcul**
PARKING	19,50						
PÉAGE	107,00						
HÔTEL	97,00						
REPAS SEUL	116,30						
REPAS INVITATION	90,00						
Indemnités kilométriques	619,55						

Total frais remboursés	1 049,35
Total compte 6251000	–
Total compte 6257000	
total compte 44566400	–

Cas 3

CAS RHONCOP

La SA RHONCOP est une entreprise de la région lyonnaise spécialisée dans la vente, la location et la maintenance de photocopieurs et d'imprimantes de la marque Kanone. En effet, la société est le revendeur exclusif de cette marque japonaise sur la région Auvergne-Rhône-Alpes, produits qu'elle importe directement du Japon.

Effectif	3 salariés
Clôture de l'exercice	31 décembre de chaque année
Régime fiscal en matière de TVA	L'entreprise est soumise au régime du réel normal et n'a pas opté pour les débits. Taux applicables : – Taux normal à 20 % pour tous les produits La TVA collectée sur les ventes de services est comptabilisée dans un compte d'attente au moment de la réception de la facture. Ce compte est soldé au moment du règlement.
Régime fiscal en matière d'imposition	Les bénéfices de la société sont soumis à l'impôt sur les sociétés.

La société a adapté le plan de comptes à son activité :

4111XXX clients Ventes

4112XXX clients Location

4113XXX clients Maintenance

6071000 achats copieurs

6072000 achats imprimantes

7071000 ventes copieurs

7072000 ventes imprimantes

7062000 Location

7063000 Maintenance

VOTRE MISSION Contrôle de TVA

Annexes A1 à A3 / Annexe B1

La déclaration mensuelle de la TVA est générée par le module comptable du progiciel SAGE PGI.

Vous assistez Mme Goujon dans son travail de contrôle de la déclaration de TVA. Vous intervenez sur la déclaration CA3 du mois de décembre.

Vérifier la déclaration CA3 du mois de décembre générée par le module comptable du PGI, corriger éventuellement les erreurs et comptabiliser cette déclaration.

Annexe A1 Extraits du grand-livre général

Période du : 01/12 au 31/12

4111000 Clients Ventes

Date	Journal	N° pièce	Libellé écriture	Débit	Crédit
03/12	VE	F12088	Facture COLLET	2 400,00	
05/12	VE	F12089	Facture BRIO	18 000,00	
07/12	VE	F12090	Facture BRESSON	1 800,00	
09/12	BQ	REM54	Remise chèque COLLET Facture 12088		2 400,00
10/12	VE	F12091	Facture JOANA	9 600,00	
13/12	BQ	REM55	Remise chèque BRIO Facture 12089		18 000,00
18/12	VE	F12092	Facture DUPONT	11 400,00	
19/12	VE	F12093	Facture DURANT	1 140,00	
20/12	BQ	REM57	Remise chèque BRESSON Facture 12090		1 800,00
22/12	VE	F12094	Facture LONGERE	900,00	
24/12	VE	F12095	Facture DELAN	8 160,00	
28/12	VE	F12096	Facture PICARD	2 220,00	
			Totaux	**55 620,00**	**22 200,00**

4112000 Clients Location

Date	Journal	N° pièce	Libellé écriture	Débit	Crédit
04/12	VE	F12L45	Facture VALLET	960,00	
05/12	BQ	REM52	Remise chq Fact F11L67		1 450,00
08/12	BQ	REM53	Remise chq Fact F11L59		850,00
12/12	VE	F12L46	Facture RENOT	600,00	
19/12	VE	F12L47	Facture ODI	540,00	
20/12	BQ	REM56	Remise chq Fact F12L45		960,00
23/12	VE	F12L48	Facture SOTRO	2 100,00	
27/12	VE	F12L49	Facture VALEO	1 500,00	
31/12			**Totaux**	**5 700,00**	**3 260,00**

4113000 Clients Maintenance

Date	Journal	N° pièce	Libellé écriture	Débit	Crédit
05/12	VE	F12M105	Facture POLI	360,00	
08/12	BQ	VIR678	Virement POLI		360,00
11/12	VE	F12M106	Facture CONNI	840,00	
15/12	BQ	VIR543	Virement CONNI		840,00
18/12	VE	F12M107	Facture TETRA	540,00	
26/12	VE	F12M108	Facture SCOLU	180,00	
29/12	VE	F12M109	Facture CALVI	300,00	
30/12	BQ	VIR6543	Virement SCOLU		180,00
30/12	BQ	VIR786	Virement CALVI		300,00
31/12			**Totaux**	**2 220,00**	**1 680,00**

4453000 TVA due importation

Date	Journal	N° pièce	Libellé écriture	Débit	Crédit
11/12	AC	FAC4593	Facture Kanone		4 268,32
31/12			Totaux		4 268,32

4456600 TVA déductible sur achats de biens et services

Date	Journal	N° pièce	Libellé écriture	Débit	Crédit
06/12	AC	AC4591	Facture Orange	356,87	
09/12	AC	AC4592	Facture Carrefour	657,78	
11/12	AC	AC4593	Facture Kanone	4 268,32	
13/12	AC	AC4594	Facture Koala	567,32	
20/12	AC	AC4595	Facture Accor hôtel	45,67	
23/12	AC	AC4596	Facture EDF électricité	123,54	
26/12	AC	AC4597	Facture Garneo	680,00	
31/12			**Totaux**	**6 699,50**	

4457110 TVA collectée sur ventes

Date	Journal	N° pièce	Libellé écriture	Débit	Crédit
03/12	VE	F12088	Facture COLLET		400,00
05/12	VE	F12089	Facture BRIO		3 000,00
05/12	BQ	REM52	Règlement F11L67		241,67
07/12	VE	F12090	Facture BRESSON		300,00
08/12	BQ	REM53	Règlement F11L59		141,67
08/12	BQ	VIR678	Règlement POLI		60,00
10/12	VE	F12091	Facture JOANA		1 600,00
15/12	BQ	VIR543	Règlement CONNI		140,00
18/12	VE	F12092	Facture DUPONT		1 900,00
19/12	VE	F12093	Facture DURANT		190,00
20/12	BQ	REM56	Règlement F12L45		160,00
22/12	VE	F12094	Facture LONGERE		150,00
24/12	VE	F12095	Facture DELAN		1 360,00
28/12	VE	F12096	Facture PICARD		370,00
31/12			**Totaux**		**10 013,34**

4457400 TVA collectée sur encaissement

Date	Journal	N° pièce	Libellé écriture	Débit	Crédit
04/12	VE	F12L45	Facture VALLET		160,00
05/12	VE	F12M105	Facture POLI		60,00
05/12	BQ	REM52	Règlement F11L67	241,67	
08/12	BQ	REM53	Règlement F11L59	141,67	
08/12	BQ	VIR678	Règlement POLI	60,00	
11/12	VE	F12M106	Facture CONNI		140,00
12/12	VE	F12L46	Facture RENOT		100,00
15/12	BQ	VIR543	Règlement CONNI	140,00	
18/12	VE	F12M107	Facture TETRA		90,00
19/12	VE	F12L47	Facture ODI		90,00
20/12	BQ	REM56	Règlement F12L45	160,00	
23/12	VE	F12L48	Facture SOTRO		350,00
26/12	VE	F12M108	Facture SCOLU		30,00
27/12	VE	F12L49	Facture VALEO		250,00
29/12	VE	F12M109	Facture CALVI		50,00
31/12			**Totaux**	**743,34**	**1 320,00**

6071000 Achats Copieurs

Date	Journal	N° pièce	Libellé écriture	Débit	Crédit
11/12	AC	FAC4593	Facture Kanone	12 885,00	
31/12			**Totaux**	**12 885,00**	

6072000 Achats Imprimantes

Date	Journal	N° pièce	Libellé écriture	Débit	Crédit
11/12	AC	FAC4593	Facture Kanone	8 456,60	
31/12			**Totaux**	**8 456,60**	

Annexe A1 Extraits du grand-livre général (suite)

7071000 Ventes Copieurs

Date	Journal	N° pièce	Libellé écriture	Débit	Crédit
05/12	VE	F12089	Facture BRIO		15 000,00
10/12	VE	F12091	Facture JOANA		8 000,00
18/12	VE	F12092	Facture DUPONT		9 500,00
24/12	VE	F12095	Facture DELAN		6 800,00
31/12			**Totaux**		**39 300,00**

7072000 Ventes Imprimantes

Date	Journal	N° pièce	Libellé écriture	Débit	Crédit
03/12	VE	F12088	Facture COLLET		2 000,00
07/12	VE	F12090	Facture BRESSON		1 500,00
19/12	VE	F12093	Facture DURANT		950,00
22/12	VE	F12094	Facture LONGERE		750,00
28/12	VE	F12096	Facture PICARD		1 850,00
31/12			**Totaux**		**7 050,00**

7062000 Location

Date	Journal	N° pièce	Libellé écriture	Débit	Crédit
04/12	VE	F12L45	Facture VALLET		800,00
12/12	VE	F12L46	Facture RENOT		500,00
19/12	VE	F12L47	Facture ODI		450,00
23/12	VE	F12L48	Facture SOTRO		1 750,00
27/12	VE	F12L49	Facture VALEO		1 250,00
31/12			**Totaux**		**4 750,00**

7063000 Maintenance

Date	Journal	N° pièce	Libellé écriture	Débit	Crédit
05/12	VE	F12M105	Facture POLI		300,00
11/12	VE	F12M106	Facture CONNI		700,00
18/12	VE	F12M107	Facture TETRA		450,00
26/12	VE	F12M108	Facture SCOLU		150,00
29/12	VE	F12M109	Facture CALVI		250,00
31/12			**Totaux**		**1 850,00**

Annexe A2 Informations diverses

- La société ne dispose pas de crédit de TVA reportable à fin novembre.
- La société n'a pas de TVA déductible sur immobilisations au titre de décembre.
- Les imprimantes et copieurs achetés en décembre sont destinés à la revente.
- Tous les fournisseurs de services de décembre ont opté pour les débits.
- Le 20/12, deux salariés ont dormi exceptionnellement à l'hôtel en raison d'intempéries sur la région. C'est la première fois qu'une facture d'hôtel était comptabilisée.

Annexe A3 CA3 générée par le PGI

A MONTANT DES OPÉRATIONS RÉALISÉES

	OPÉRATIONS TAXÉES (HT.)				OPÉRATIONS NON TAXÉES		
A1	Ventes, prestations de services	0979	50 067	E1	Exportations hors UE	0032	
A2	Autres opérations imposables	0981		E2	Autres opérations non imposables	0033	
A3	Achats de prestations de services intracommunautaires (article 283-2 du code général des impôts)	0044		E3	Ventes à distance taxables dans un autre État membre au profit des personnes non assujetties	0047	
A4	Importations (autres que les produits pétroliers)	0056	21 342	E4	Importations (autres que les produits pétroliers)	0052	
A5	Sorties de régime fiscal suspensif (autres que les produits pétroliers)	0051		E5	Sorties de régime fiscal suspensif (autres que les produits pétroliers)	0053	
B1	Mises à la consommation de produits pétroliers	0048		E6	Importations placées sous régime fiscal suspensif (autres que les produits pétroliers)	0054	
B2	Acquisitions intracommunautaires	0031		F1	Acquisitions intracommunautaires	0055	
B3	Livraisons d'électricité, de gaz naturel, de chaleur ou de froid imposables en France	0030		F2	Livraisons intracommunautaires à destination d'une personne assujettie	0034	
B4	Achats de biens ou de prestations de services réalisés auprès d'un assujetti non établi en France (article 283-1 du code général des impôts)	0040		F3	Livraisons d'électricité, de gaz naturel, de chaleur ou de froid non imposables en France	0029	
B5	Régularisations (important : cf. notice)	0036		F4	Mises à la consommation de produits pétroliers	0049	
				F5	Importations de produits pétroliers placées sous régime fiscal suspensif	0050	
				F6	Achats en franchise	0037	
				F7	Ventes de biens ou prestations de services réalisées par un assujetti non établi en France (article 283-1 du code général des impôts)	0043	
				F8	Régularisations (important : cf. notice)	0039	

B DÉCOMPTE DE LA TVA À PAYER

	TVA BRUTE		Base hors taxe	Taxe due
	Opérations réalisées en France métropolitaine			
08	Taux normal 20 %	0207	50 067	10 013
09	Taux réduit 5,5 %	0105		
9B	Taux réduit 10 %	0151		
	Opérations réalisées dans les DOM			
10	Taux normal 8,5 %	0201		
11	Taux réduit 2,1 %	0100		
	Opérations imposables à un autre taux (France métropolitaine ou DOM)			
13	Anciens taux	0900		
14	Opérations imposables à un taux particulier (décompte effectué sur annexe 3310 A)	0950		
	Produits pétroliers			
P1	Taux normal 20 %	0208		
P2	Taux réduit 13 %	0152		
	Importations			
I1	Taux normal 20 %	0210	21 342	4 268
I2	Taux réduit 10 %	0211		
I3	Taux réduit 8,5 %	0212		
I4	Taux réduit 5,5 %	0213		
I5	Taux réduit 2,1 %	0214		
I6	Taux réduit 1,05 %	0215		
15	TVA antérieurement déduite à reverser (dont TVA sur les produits pétroliers ....) (dont TVA sur les produits importés hors produits pétroliers ....)	0600		
5B	Sommes à ajouter, y compris acompte congés (exprimées en euro)	0602		
16	**Total de la TVA brute due (lignes 08 à 5B)**			14 281
17	**Dont TVA sur acquisitions intracommunautaires**	0035		
18	**Dont TVA sur opérations à destination de Monaco**	0038		

La ligne 11 ne concerne que les DOM.
Les autres opérations relevant du taux de 2,1 % sont déclarées sur l'annexe 3310 A-SD.

	TVA DÉDUCTIBLE		
19	Biens constituant des immobilisations	0703	....
20	Autres biens et services	0702	6 700
21	Autre TVA à déduire (dont régularisation de : - TVA sur les produits pétroliers : - TVA sur les produits importés hors produits pétroliers : - TVA collectée sur autres produits ou PS [cf. notice] ou déductible :)	0059	....
22	Report du crédit apparaissant ligne 27 de la précédente déclaration	8001	....
2C	Sommes à imputer, y compris acompte congés (exprimées en euro)	0603	....

22A	Indiquer le coefficient de taxation unique applicable pour la période s'il est différent de 100 ..... %	23	**Total TVA déductible (ligne 19 à 2C)**		6 700
		24	Dont TVA déductible sur importations hors produits pétroliers	0710	4 268
		2E	Dont TVA déductible sur les produits pétroliers	0711	....

	CRÉDIT				TAXE À PAYER		
25	Crédit de TVA (ligne 23 – ligne 16)	0705	....	28	**TVA nette due (ligne 16 – ligne 23).**		7 581
26	Remboursement de crédit demandé sur formulaire n° 3519 joint	8002	....	29	Taxes assimilées calculées sur annexe n° 3310 A-SD	9979	....
AA	Crédit de TVA transféré à la société tête de groupe sur la déclaration récapitulative 3310-CA3G	8005	....	AB	Total à payer acquitté par la société tête de groupe sur la déclaration récapitulative 3310-CA3G (lignes 28 + 29)	9991	....
27	Crédit à reporter (ligne 25 – ligne 26 – ligne AA) (Cette somme est à reporter ligne 22 de la prochaine déclaration)	8003	....	32	**Total à payer (lignes 28 + 29 – AB)** (N'oubliez pas de joindre le règlement correspondant)		7 581
	Attention ! Une situation de TVA créditrice (ligne 25 servie) ne dispense pas du paiement des taxes assimilées déclarées ligne 29.						

Annexe B1 Documentation fiscale TVA déductible

Les dépenses de logement

Le 2° du 2 du IV de l'article 206 du CGI exclut de la déduction de TVA, les frais de logement des salariés et dirigeants, quel que soit le motif. Les frais d'hôtel, même justifiés par un déplacement professionnel ne peuvent donc faire l'objet d'une récupération de TVA.

En revanche, la TVA sur les petits-déjeuners et repas pris à l'hôtel peut être déduite, à condition évidemment, que ces frais apparaissent bien séparément de la nuitée sur la facture.

Le Code général des impôts ne prévoit qu'une seule exception au principe de non-récupération. Il permet la déduction de la TVA pour les dépenses de logement du personnel de sécurité, de gardiennage ou de surveillance sur les chantiers ou dans les locaux de l'entreprise.

En outre, l'exclusion ne vise que les salariés et dirigeants, pas les autres tiers avec lesquels l'entreprise travaille. Ainsi, la TVA peut être déduite sur les dépenses d'hôtel d'un client ou d'un fournisseur, prises en charge par l'entreprise.

Extrait site legi-fiscal.fr

CHAPITRE 12

Impôt sur le revenu

3.1.3 Élaboration de l'échéancier fiscal
3.3.7 Participation au calcul de l'impôt sur le revenu

Compétence

- Découvrir le calcul de l'impôt sur le revenu.

Notion clé

- Foyer fiscal
- Revenu catégoriel
- Quotient familial

PLAN

Activités

À l'aide des **fiches ressources**, réalisez les différentes activités proposées concernant la famille Folipe.

1. Le foyer fiscal
2. Les revenus catégoriels de l'IR
3. Les Traitements et Salaires (TS)
4. Les revenus de Capitaux Mobiliers (RCM)
5. Le calcul et le paiement de l'IR

Pour aller plus loin

- Pensions alimentaires versées aux enfants
- Crédit d'impôt
- Plafonnement du quotient familial
- Option pour l'imposition des dividendes au barème progressif de l'impôt

Fiche ressources

1. Le foyer fiscal
2. Les revenus imposables
3. Les traitements et salaires
4. Les revenus de capitaux mobiliers
5. Le calcul de l'IR

Révision

1. À retenir
2. Testez-vous

Entraînements

CONTEXTE CLIENT FOLIPE

Monsieur et Madame Folipe sont mariés depuis 20 ans. Ils ont deux enfants : Arthur, 17 ans, qui a arrêté ses études et travaille dans un supermarché, et Morgane, 23 ans, qui poursuit des études de gestion.

Monsieur Folipe est salarié d'une entreprise spécialisée dans la distribution de solutions informatiques aux entreprises. Madame Folipe quant à elle possède un magasin de prêt-à-porter formé en EURL. Elle n'a pas opté pour l'IS en matière d'imposition de ses bénéfices.

Monsieur et Madame Folipe ont également des placements financiers : un livret A et quelques actions de sociétés françaises.

Activité 1 Le foyer fiscal

1 Qui compose un foyer fiscal ? Complétez le tableau suivant :

Personne	Rattachement	Conditions
Contribuable		
Conjoint	Oui	mariage ou Pacs
Enfant mineur	Oui (déclarat' séparée possible si revenus)	
Enfant majeur	Possible si	moins de 21 ans moins de 25 ans si étudiant
Autre personne à charge	enfant infirme	Sans condition d'âge

2 En appliquant les règles fiscales, déterminez les différentes possibilités en termes de composition du foyer fiscal pour la famille Folipe.

- M. et Mme
- M. et Mme et les deux enfants ←
- M. et Mme et Arthur, Morgane à part
- M. et Mme et Morgane, Arthur à part

3 Calculez le nombre de parts du foyer fiscal Folipe dans l'hypothèse où tous leurs enfants sont rattachés à leur foyer.

1 + 1 + 0,5 + 0,5 = 3 part dans le foyer fiscal

Activité 2 — Les revenus catégoriels de l'IR

L'IR concerne TOUS les revenus d'un FOYER FISCAL.

Résultat fiscal BIC Mme Folipe : 62 000 €

4 **La famille Folipe doit-elle compléter une déclaration ?**

5 **Donnez un exemple pour chacun des revenus catégoriels imposables à l'IR.**

- tous les salaire retraite
- Revenus foncier : revenus locatifs de bien loués non meublés
- Plus au moins value
- Bénéfices industriels et commerciaux : revenus issus d'une activité de nature industrielle, commerciale artisanale

6 **Déterminez les différents revenus catégoriels concernant le foyer fiscal FOLIPE.**

- TS traitement et salaires — M. et Arthur
- BIC, Bénéfice industriels et commerciaux — Mme
- RCM, Revenus de capitaux mobilier

Activité 3 — Les traitements et salaires (TS)

Annexe 1 Informations sur Arnaud Folipe et Arthur Folipe

Traitements et salaires M. Folipe

Salaire net annuel IMPOSABLE : 33 500 €

Montant des frais professionnels sur l'année :

Synthèse des notes de frais de l'année

Nom : Folipe Arnaud
Société : INFO PLUS
Service : Formation

Récapitulatif notes de frais année

Nature	Motif	Montant
Repas	Déplacements formation sur sites	750 €
Indemnités kilométriques	Déplacements formation sur sites	1 300 €

Montant total	Montant avancé par le salarié	Montant remboursé au salarié
2 050 €	2 050 €	2 050 €

Trajet domicile travail

M. Folipe effectue 17 km aller/retour pour se rendre de son domicile (Ste-Foy-les-Lyon) à son lieu de travail (Lyon 6). Il effectue ce trajet, chaque jour de travail, avec sa voiture personnelle, une Renault Clio d'une puissance fiscale de 4 CV. Il a travaillé 235 jours dans l'année.

Repas à l'extérieur

Lorsque M. Folipe est en déplacement, les repas pris à l'extérieur lui sont remboursés par son entreprise (voir notes de frais).

Lorsqu'il est dans l'entreprise, ses repas sont pris au sein d'une cantine interentreprises. Le prix modique payé (5 € par repas) ne lui permet pas de prétendre à des frais professionnels supplémentaires.

Traitements et salaires Arthur

Arthur travaille comme magasinier dans un supermarché de sa commune, très proche de son domicile. Il n'a engagé aucun frais professionnel.

Salaire net annuel IMPOSABLE : 9 641 €

7 **Suite à l'observation des deux solutions proposées pour le traitement des frais professionnels, complétez le tableau suivant permettant de récapituler la méthode de calcul dans chacun des cas et donner la solution la plus intéressante pour M Folipe :**

Méthode du forfait	Méthode des frais réels

8 **Quelle sera la méthode appliquée à Arthur ?**

....

....

....

....

9 **En prenant appui sur le tableau précédent, déterminez le revenu net catégoriel à déclarer dans la rubrique Traitements et Salaires.**

	Vous	Conjoint	Personne à charge	
Revenus d'activité	33 500		9641	
Déduction	3350		964	
Revenu net	30 150		8677	38 827

Revenu net catégoriel

Activité 4

Les revenus de capitaux mobiliers (RCM)

M. et Mme Folipe ont reçu un courrier de la banque qui gère leur portefeuille titres et vous ont apporté leur relevé bancaire concernant leur livret A et les intérêts qu'ils ont perçus sur l'année. Ils ont encaissé aussi des dividendes d'une société française.

Dans le cadre des actions qu'ils détiennent à la Société Générale, M. et Mme Folipe ont reçu le courrier suivant :

Dividendes bruts : 2 200 € ; dividendes encaissés : 1 540 €

- Relevé de compte du livret A au 02/01/2023

SYNTHÈSE de vos comptes en euros

M. ou Mme Folipe Arnaud

Livret A en compte N° 12154 00300 10548215 Solde au 02/01/23 **+ 13 564,58**

Date	Détail des opérations	Débit	Crédit
	SOLDE PRÉCÉDENT AU 02/01/22	33 500	14 725,42
	Virement	1 300,00	
	Intérêts 2022		139,16
	NOUVEAU SOLDE AU 02/01/23		**13 564,58**

10 **Précisez les revenus qui seront imposés.**

les intêret du livret A ne sont pas imposable
les dividendes eux sont imposable

11 **Précisez comment ces revenus sont imposés.**

les dividendes ont fait fait l'objet du prélèvement forfitaire unique de 30% (12,8IR + 17,2) CSG + CRDS
1540 = 2200 - (2200 x 30%), ils ne seront pas compris dans le revenu net Global imposable

Activité 5

Le calcul et le paiement de l'IR

Pour le calcul de l'impôt dû par le foyer fiscal :

Réduction d'impôt liée à la scolarisation de Morgane 183 €

12 **Rappelez le nombre de parts du foyer de M. et Mme Folipe, dans l'hypothèse où tous leurs enfants sont rattachés à leur foyer.**

3 part dans le foyer fiscal

13 **Expliquez la différence entre une réduction d'impôt et un crédit d'impôt.**

14 **À partir du schéma de calcul de l'impôt et des barèmes fournis, justifiez le montant de l'impôt dû par le foyer fiscal de M. et Mme Folipe en complétant le tableau suivant :**

	Montant	Justification (calcul)
Revenu brut imposable global	100 827	TS 38 827 + BIC 62000 Prélèvement à la source pour les dividendes
Revenu net imposable global	100 827	Pas de déduction comme par ex : pension alimentaire
Quotient familial	33 609	(Revenu net imposable / nb de part) 100 827 / 3
Impôt brut	11 029	Ou : (100 827 x 0,3) - (6 406,29 x 3) = 30 248,1 - 19 218,87 = 11029 10 777 x 0 % (27 478 - 10 777) x 11 % = 1837,11 (33 609 - 27 478) x 30 % = 1839,3 1837,11 + 1839,3 = 3676,41 (impot 1 part) 3676,41 x 3 = 11029
Impôt net	10 846	11029 - 183 (réduction impôt scolarisat Morgane)

L'IR est un impôt annuel (revenus de l'année civile N déclarés en N+1).

L'administration fiscale calcule l'impôt final dû par le foyer fiscal puis elle déduit les prélèvements à la source effectués en N. En effet, depuis le 01/01/2019, il y a le prélèvement à la source (CF P4, le prélèvement à la source des salaires apparaît sur les bulletins de salaire) avec un taux de prélèvement calculé par l'administration fiscale.

Selon les cas, les prélèvements perçus en trop seront remboursés ou le foyer fiscal paiera un complément d'impôt en septembre N+1.

15 **Que va-t-il se passer en septembre N+1 pour la famille Folipe sachant que la totalité des prélèvements à la source ont été de 10 200 € ?**

10 846 - 10 200 = 646 €

POUR ALLER PLUS LOIN

PENSIONS ALIMENTAIRES VERSÉES AUX ENFANTS

Pour vérifier la maîtrise des compétences :

➡ **lire, comprendre et synthétiser une documentation fiscale.**

Proposition 1 – Morgane, foyer fiscal à part

Pour le calcul de l'impôt, l'hypothèse de rattachement de tous les enfants au foyer fiscal des parents a été retenue. Toutefois, il est possible que Morgane se déclare en tant que foyer fiscal distinct même si elle vit chez ses parents.

Morgane, étudiante dans un établissement public n'a pas de frais de scolarité.

TRAVAIL À FAIRE

À partir de la documentation fournie, et des savoirs acquis précédemment, vous déterminerez, dans cette hypothèse, le montant de l'impôt dû :

- par le foyer fiscal parents + Arthur,
- par le foyer fiscal Morgane.

Conseil : *afin d'optimiser cet impôt, vous déclarerez le versement d'une pension des parents à leur fille.*

DOCUMENTATION — Versement de pensions aux descendants

L'enfant vit avec vous

Vous pouvez déduire la pension alimentaire que vous versez à un enfant majeur si les 2 conditions suivantes sont réunies :

1. Votre enfant n'est pas rattaché à votre foyer fiscal pour l'impôt sur le revenu
2. Ses revenus sont insuffisants.

Il peut s'agir par exemple d'une pension pour un enfant poursuivant des études ou qui est au chômage.

Le montant de la déduction est limité.

La déduction est d'un montant forfaitaire de **3 786 €** (le double si votre enfant est marié ou pacsé). Elle couvre principalement les dépenses de logement et de nourriture. Vous n'avez pas à fournir de justificatif.

Si vous n'hébergez votre enfant qu'une partie de l'année, cette somme est réduire au prorata du nombre de mois concernés. si un mois est entamé, il est compté dans sa globalité.

➲ **À savoir** : vous devez indiquer cette déduction dans la partie *Charges déductibles prévues par l'article 156 et 156 bis de votre déclaration de revenus.*

Vous pouvez également déduire d'autres dépenses (frais de scolarité par exemple) pour leur montant réel et justifié.

La déduction totale ne peut dépasser **6 368 €** par enfant.

✍ **À noter** : votre enfant majeur doit faire sa propre déclaration dans laquelle il indique comme revenu la pension que vous lui versez.

POUR ALLER PLUS LOIN

CRÉDIT D'IMPÔT

Proposition 2 – Conséquence de l'embauche d'une femme de ménage

M. et Mme folipe souhaitent avoir recours aux services d'une femme de ménage à domicile. Après étude de leurs besoins et des tarifs pratiqués, ils pensent que cela leur reviendrait à un coût annuel de 2 400 €, charges sociales comprises.

TRAVAIL À FAIRE

À partir de la réglementation fiscale fournie, chiffrez les conséquences de cette embauche sur l'impôt net du foyer fiscal.

DOCUMENTATION

Si vous êtes domicilié fiscalement en France, vous pouvez bénéficier, sous conditions, d'un crédit d'impôt pour les sommes versées pour à un salarié employé à domicile. Il en est de même pour la rémunération d'un service à domicile réalisé par une association, une entreprise ou un organisme agréé.

Tout replier Tout déplier

Conditions à remplir

Montant

Taux

Le crédit d'impôt s'élève à **50 %** des dépenses supportées dans l'année dans la limite de plafonds.

Les aides reçues pour financer l'emploi du salarié à domicile sont exclues des dépenses. Par exemple l'Apa, le complément de libre choix du mode de garde (CMG) ou l'aide financière de l'employeur.

Plafond annuel des dépenses

Cas général | Première année d'emploi | En cas d'invalidité

Les dépenses sont retenues dans la limite de **12 000 €** par an.

Ce plafond est majoré de **1 500 €** (sans pouvoir dépasser au total **15 000 €**) dans les cas suivants :

- par enfant à charge (**750 €** en cas de garde alternée),
- par membre de votre foyer âgé de plus de 65 ans,
- par *ascendant* de plus de 65 ans.

En cas de petits travaux, les dépenses liées aux prestations suivantes sont retenues dans les limites suivantes. Ces montants s'imputent sur le plafond annuel de **12 000 €**.

Plafonds annuels de dépenses par foyer fiscal pour certaines prestations

Nature de la prestation	Plafond annuel de dépenses (par foyer fiscal)
Intervention pour petit bricolage d'une durée maximale de 2 heures	**500 €**
Assistance informatique et internet à domicile	**3 000 €**
Petits travaux de jardinage	**5 000 €**

www.service-public.fr

POUR ALLER PLUS LOIN

PLAFONNEMENT DU QUOTIENT FAMILIAL

TRAVAIL À FAIRE

Il s'agit de vérifier si le plafonnement du quotient familial ne joue pas dans le foyer fiscal Folipe.

L'administration fiscale a en effet fixé un montant maximum d'impôt que chaque demi-part supplémentaire peut faire économiser au foyer fiscal.

Ainsi, en 2023 (revenus 2022), chaque demi-part peut faire économiser 1 678 € d'impôt au maximum.

MÉTHODOLOGIE

- Pour cela, il faut calculer le montant d'impôt à payer avec 2 parts.
- Ensuite, il faut comparer avec le montant d'impôt brut avec 3 parts pour calculer l'économie d'impôt réalisée par le foyer fiscal.
- Dans le cas du foyer fiscal Folipe, le plafonnement joue-t-il ?
- Conclure.

POUR ALLER PLUS LOIN

OPTION POUR L'IMPOSITION DES DIVIDENDES AU BARÈME PROGRESSIF DE L'IMPÔT

TRAVAIL À FAIRE

M. et Mme Folipe se demandent s'ils auraient intérêt à renoncer à la flat tax et à soumettre les dividendes encaissés au barème progressif de l'IR, comme les autres revenus.

DOCUMENTATION La flat tax à 30 % sur les dividendes à compter du 1er janvier 2018

Au niveau des dividendes, l'entrepreneur a le choix à compter du 1er janvier 2018 entre :
l'application de la flat tax à 30 % (qui comprend les prélèvements sociaux au taux de 17,20 %) ;

- ou, sur option expresse, **l'application des prélèvements sociaux au taux de 17,20 % et l'imposition au barème progressif de l'impôt sur le revenu**, avec l'abattement de 40 % et la déductibilité de la CSG.

En cas d'option expresse pour l'imposition des dividendes au barème progressif, un acompte d'impôt sur le revenu calculé au taux de 12,80 % (même taux que prévu dans la flat tax) doit être payé. Sous conditions de revenus, il est possible d'être dispensé du versement de cet acompte. Contrairement à la flat tax, cet acompte n'est pas libératoire et l'éventuelle partie excédentaire est restituée.

Le choix du mode d'imposition des dividendes dépend donc, en grande partie, de votre taux marginal d'imposition. Nous insistons sur le fait que l'abattement de 40 % n'est appliqué qu'en cas d'option expresse pour le barème progressif.

Les prélèvements sociaux sont quant à eux toujours appliqués de la même manière peu importe le mode d'imposition choisi et au même taux : 17,20 %. Par contre, il existe une différence en matière de déductibilité de la CSG :

- lorsque la flat tax est appliquée, aucune CSG n'est déductible du revenu imposable ;
- lorsque le barème progressif de l'impôt sur le revenu est appliqué, la CSG est déductible du revenu imposable à hauteur de 6,80 %.

https://www.lecoindesentrepreneurs.fr/flat-tax-2018-dividendes-plus-values-mobilieres/

FICHE RESSOURCES

1 LE FOYER FISCAL

A Définition

Le foyer fiscal désigne l'ensemble des personnes inscrites sur une même **déclaration de revenus** annuelle. Les revenus des membres du foyer fiscal sont par conséquent mentionnés sur le même formulaire. L'impôt est calculé à partir du nombre de membres composant le foyer fiscal, selon la technique du **quotient familial**. Le foyer fiscal peut par exemple être composé du mari, de la femme et de leurs enfants, ou d'une seule personne dans le cas d'un célibataire sans enfant.

Chaque membre du foyer fiscal détermine son revenu imposable d'après les règles propres à la catégorie concernée et bénéficie donc des abattements et déductions propres à cette catégorie, dans la limite des plafonds en vigueur.

B Concubins

En matière d'impôt sur le revenu, les contribuables concubins sont soumis à une imposition distincte (contrairement à l'impôt sur la fortune pour lequel ils doivent remplir une déclaration commune).

L'administration prend toutefois en compte le concubinage pour le calcul du nombre de parts du quotient familial et le plafonnement de ses avantages.

Les enfants reconnus par les deux concubins peuvent être intégrés dans le foyer fiscal de l'un ou l'autre des parents.

C Pacs

Toutefois, quand les concubins, quel que soit leur sexe, ont signé un pacte civil de solidarité (Pacs), ils font l'objet d'une imposition commune dans les mêmes conditions que les couples mariés.

D Couples mariés

Ils sont soumis à une imposition commune de l'ensemble de leurs revenus, quel que soit leur régime matrimonial.

E Enfants mineurs

Les enfants mineurs sont rattachés au foyer fiscal de leurs parents et leurs éventuels revenus éventuels sont ajoutés à ceux de leurs parents.

Il en est de même des enfants infirmes, quel que soit leur âge.

F Étudiants

Les enfants majeurs de moins de 21 ans ou les enfants étudiants de moins de 25 ans peuvent être rattachés, sur option, au foyer fiscal de leurs parents. La condition d'âge est appréciée au 1er janvier de l'année d'imposition.

S'ils disposent de revenus tirés de leur patrimoine ou de leur travail, les enfants mineurs peuvent aussi faire une déclaration de revenus séparée, sur demande de leurs parents.

Source : *https://droit-finances.commentcamarche.com/contents/914-foyer-fiscal-et-impot-sur-le-revenu*

G Foyer fiscal / Nombre de parts

Nombre de parts retenu pour le calcul de votre impôt.

	AUCUNE PERSONNE À CHARGE		NOMBRE DE PERSONNES À CHARGE[1, 7]										
	CAS GÉNÉRAL	CAS PARTICULIERS[2]	1	2	3	4	5	6	7	8	9	10	... ET AINSI DE SUITE EN AJOUTANT UNE PART[7]
MARIÉS OU PACSÉS[3]	2	2,5 OU 3	2,5	3	4	5	6	7	8	9	10	11	
VEUF[4, 5]	1	1,5	2,5	3	4	5	6	7	8	9	10	11	
CÉLIBATAIRE, SÉPARÉ, DIVORCÉ[5, 6]	1	1,5	1,5	2	3	4	5	6	7	8	9	10	

1. Ajoutez une demi-part pour chaque personne à charge titulaire de la carte d'invalidité (cases G ou R du cadre C, p. 2 de la déclaration).
2. Vous remplissez une des conditions prévues par les cases P, L, G, W du cadre A, page 2 de la déclaration.
3. Ajoutez une demi-part lorsque vous ou votre conjoint (ou votre partenaire de Pacs) êtes invalide, ou si l'un de vous a plus de 74 ans et la carte du combattant. Ajoutez 1 part si chacun est invalide.
4. Votre conjoint ou votre partenaire de Pacs est décédé : vous suivez le régime des « mariés ».
5. Si vous êtes invalide, ajoutez une demi-part lorsque vous avez des charges de famille.
6. Vous vivez seul(e) et vous avez déclaré au moins une personne à charge (enfant ou personne recueillie invalide : cases F, R, J des cadres C et D) : ajoutez une demi-part.
7. Pour les enfants en résidence alternée, les majorations du nombre de parts sont divisées par deux (cases H et I). Si vous vivez seul(e) avec uniquement des enfants en résidence alternée, une majoration de 0,25 part, au titre de la case T, est attribuée pour chacun des 2 premiers enfants. Pour plus de précisions sur le nombre de parts attribué en présence d'enfants en résidence alternée, vous pouvez vous reporter au document d'information 2041 GV.

Source : *impots.gouv.fr Notice IR*

2 LES REVENUS IMPOSABLES

FICHES RESSOURCES

A Formalités déclaratives IR

Comment déclarer ?

Vous devez déclarer vos revenus auprès du service des impôts chaque année si vous résidez en France. Désormais, la déclaration par internet est obligatoire si votre domicile est connecté à internet. Dans le cas contraire, vous pouvez utiliser un formulaire. Vous bénéficiez d'un délai supplémentaire si vous faites votre déclaration en ligne. Si votre situation n'a pas changé depuis l'an dernier, vous pouvez être dispensé de faire cette déclaration, elle sera effectuée automatiquement par les impôts.

Déclaration automatique

Vous pouvez bénéficier d'une déclaration automatique si vous remplissez les 2 conditions suivantes :

- Vous avez déjà effectué une déclaration de revenus les années précédentes.
- Vous n'avez fait aucune modification à la déclaration de l'année dernière, notamment sur les revenus préremplis par les services des impôts.

Toutefois, vous pouvez bénéficier d'une déclaration automatique si vous avez signalé une naissance, une adoption ou le recueil d'un enfant mineur.

Vous recevez un avis au printemps vous indiquant les revenus qui ont été retenus par les impôts.

Vous devez vérifier toutes informations indiquées par les services fiscaux.

La déclaration automatique vous permet de vérifier les informations concernant en particulier :

- Situation de famille
- Revenus (salaires, pensions, revenus de capitaux mobiliers)
- Dépenses d'emploi à domicile payées via le Cesu ou Pajemploi

Avant de valider votre déclaration préremplie en ligne, vous devez vérifier les informations indiquées et si nécessaire, les corriger et les compléter. Conservez les justificatifs pendant 3 ans en cas de demande de l'administration.

Qui doit déclarer ses revenus ?

Vous devez déclarer vos revenus au service des impôts **si vous résidez en France ou que votre domicile fiscal est en France.**

Attention : Si vous résidez à l'étranger mais que vos ressources proviennent de France, vous devez également y déclarer vos revenus.

Vous devez faire cette déclaration même si vous n'avez perçu que de faibles ressources (ou aucune).

Cela peut vous permettre :

- d'obtenir un avis de non-imposition, nécessaire pour pouvoir bénéficier de certaines aides (par exemple l'aide au logement) ;
- ou de demander le remboursement des crédits d'impôt auxquels vous pouvez prétendre.

À savoir : vous pouvez par exemple bénéficier du remboursement d'un crédit d'impôt pour frais de garde de vos enfants, que ce soit à votre domicile ou à l'extérieur.

Vous ne devez réaliser **qu'une seule déclaration** de revenus par foyer fiscal. Les revenus et charges de tous les membres de votre *foyer fiscal* donc pris en compte pour établir une imposition à votre nom.

À noter : si vous résidez dans une zone où aucun service mobile n'est disponible, vous êtes dispensé de la télédéclaration et devez remplir la déclaration papier.

Source : *extrait service.public.fr*

B Quels sont les revenus à déclarer

L'impôt sur le revenu est établi sur la totalité des revenus dont disposent les personnes physiques au cours d'une année déterminée. Certains revenus exonérés ne sont pas à déclarer.

Les revenus imposables

Les revenus soumis à l'impôt sur le revenu sont répartis en sept catégories :

- les traitements, salaires, pensions, retraites et rentes ;
- les revenus des placements financiers ; revenus de capitaux mobiliers.
- les plus-values et gains divers (ventes de valeurs mobilières...) ;
- les bénéfices industriels et commerciaux ; BIC
- les bénéfices non commerciaux des professions libérales et assimilées ; BNC
- les bénéfices agricoles ; BA
- les revenus fonciers.

S'y ajoute une huitième catégorie, constituée des rémunérations de certains dirigeants de sociétés (gérants majoritaires de SARL notamment), dont les règles d'imposition sont toutefois similaires à celles des traitements et salaires.

Les revenus perçus par tous les membres du foyer fiscal doivent être repris sur la déclaration.

Les revenus exonérés

Certains revenus ne sont pas à déclarer. Ils sont exonérés d'impôt sur le revenu. Il s'agit par exemple :
- des prestations familiales légales (allocations familiales, allocation logement, allocation de rentrée scolaire...) ;
- prestation accueil du jeune enfant (PAJE) ;
- des sommes perçues au titre du RSA ;
- des intérêts des sommes inscrites sur un livret A de caisse d'épargne, un livret d'épargne populaire, un livret de développement durable (ex CODEVI), un livret d'épargne entreprise, un livret jeune...

Les salaires des jeunes en apprentissage sont exonérés dans la limite du SMIC annuel...

[...]

Source : *impôts.gouv.fr, DGFIP*

3 LES TRAITEMENTS ET SALAIRES

A Frais professionnels

Lors de la déclaration de revenus, chaque revenu est diminué du montant des charges déductibles afférentes. Dans le cadre des revenus de l'activité salariée, les charges déductibles correspondent aux frais que le salarié a dû engager pour exercer son activité. L'administration offre aux contribuables deux solutions :
- soit le calcul de frais forfaitaires 10 % ; Le contribuable n'a rien à faire ;
- soit le calcul de frais réels ; Le contribuable doit penser à noter ses frais professionnels.

Méthode du forfait	Méthode des frais réels
Salaire net imposable **- 10 % frais forfaitaires**	**Salaire net imposable** **+ remboursements de frais** **- frais réels**

Source : *documentation interne*

B Barème frais kilométriques/automobile

	Kilométrage parcouru à titre professionnel		
Puissance fiscale	**Jusqu'à 5 000 km**	**De 5 001 à 20 000 km**	**Au-delà de 20 000 km**
3 CV et moins	d × 0,502	(d × 0,3) + 1 007	d × 0,35
4 CV	d × 0,575	(d × 0,323) + 1 262	d × 0,387
5 CV	d × 0,603	(d × 0,339) + 1 320	d × 0,405
6 CV	d × 0,631	(d × 0,355) + 1 382	d × 0,425
7 CV et plus	d × 0,661	(d × 0,374) + 1 435	d × 0,446

d = distance parcourue à titre professionnel en km.

Pour les véhicules électriques, le montant des frais de déplacement est majoré de 20 %.

Source : *urssaf.fr*

4 LES REVENUS DE CAPITAUX MOBILIERS

FICHES RESSOURCES

A Revenus imposables et exonérés

Dans la catégorie des RCM, ne sont imposables que les revenus tirés des actions, obligations et placements financiers. Les résultats issus des cessions des valeurs mobilières relèvent de la catégorie des plus-values et gains divers.

Ils comprennent :

- les produits liés à la détention des actions et parts sociales : dividendes ;
- les produits de placements à revenus fixes (obligations) ;
- les intérêts de compte courant ;
- …

Il existe toutefois un certain nombre d'exceptions, comme les intérêts de livret A, de livret jeune ou les livrets d'épargne populaire, par exemple.

B Prélèvement forfaitaire unique (PFU) ou « flat tax »

Les dividendes versés aux dirigeants et aux associés font l'objet d'un prélèvement forfaitaire unique (PFU) de **30 %** composé de :

- 12,8 % au titre de l'impôt sur le revenu ;
- 17,20 % au titre des prélèvements sociaux.

Le PFU est prélevé par l'administration fiscale au terme de leur déclaration de revenus.

Il est basé sur le montant brut des revenus, sans aucune déduction au titre des frais et charges. L'abattement de **40 %** sur les dividendes n'est pas applicable.

Sur la déclaration de revenus, le montant des dividendes doit être indiqué dans la case 2DC.

L'acompte doit apparaître dans la case « Crédit d'impôt égal au prélèvement forfaitaire non libératoire effectué » (2CK) et s'impute sur l'impôt dû. L'associé bénéficiaire du dividende est soumis à une imposition de 0.

Exemples :

Pour une distribution de **1 000 €** de dividendes : 1 000 **× 30 % = 300 €**. Vous payez **300 €** d'impôt et de prélèvements sociaux.

Pour une distribution de **2 430 €** de dividendes : 2 430 **× 30 % = 729 €**. Vous payez **729 €** d'impôt et de prélèvements sociaux.

Source : *https://www.service-public.fr/professionnels-entreprises/vosdroits/F32963*

5 LE CALCUL DE L'IR

A Schéma de calcul de l'IR

Revenu brut global
-
Déductions (ex.: pension)
=
Revenu net imposable
/Nb de parts
=
Quotient familial
↓
Application du barème progressif
Vérification du plafonnement du QF
↓
Impôt brut
- réductions
- crédits d'impôt
=
Impôt net

Réductions et crédits d'impôts B

Plusieurs dispositifs diminuent le montant de votre impôt à payer : déduction, réduction et crédit d'impôt.

Qu'est-ce qu'une déduction fiscale ?

Une **déduction** est une somme qui est retirée de votre revenu.

Ce revenu peut être l'un des suivants :

· un de vos *revenus catégoriels* (par exemple, déduction des frais professionnels de vos traitements et salaires) ;

· votre revenu brut global (par exemple, déduction de la pension alimentaire versée aux enfants).

Qu'est-ce qu'une réduction d'impôts ?

Une **réduction d'impôt** est une somme soustraite du montant de votre impôt (par exemple, réduction d'impôt pour des dons à des organismes d'intérêts général).

Elle s'applique uniquement si vous avez un impôt à payer.

Qu'est-ce qu'un crédit d'impôt ?

Un **crédit d'impôt** est également une somme soustraite du montant de l'impôt (par exemple : crédit d'impôt pour frais de garde d'enfants).

Contrairement à la réduction d'impôt, le crédit d'impôt est remboursé, en tout ou partie dans les cas suivants :

· son montant dépasse celui de votre impôt ;

· vous n'êtes pas imposable.

C Barème de l'IR

Calcul de l'impôt 2022 sur les revenus de 2021		
Tranche du revenu net imposable	**Taux marginal d'imposition**	**Formule du calcul de l'impôt brut**
Jusqu'à 10 777	0 %	-
De 10 777 € à 27 478 €	11 %	(R × 0,11) – (1 185,47 × N)
De 27 478 € à 78 570 €	30 %	(R × 0,30) – (6 406,29 × N)
De 78 570 € à 168 994 €	41 %	(R × 0,41) – (15 048,99 × N)
Au-delà de 168 994 €	45 %	(R × 0,45) – (21 808,75 × N)

D Comment est calculé l'impôt sur le revenu ?

Le montant de l'impôt se calcule à partir du revenu net imposable en :

- divisant le revenu net imposable par le nombre de parts ;
- appliquant ensuite à ce résultat le barème progressif de l'impôt par tranche ;
- multipliant le résultat obtenu par le nombre de parts du quotient familial pour obtenir le montant de l'impôt dû.

Exemple :

Pour **un couple marié ou pacsé avec 2 enfants** (foyer de 3 part, 1 part pour chaque parent et 1 demi-part pour chaque enfant ayant perçu un revenu net imposable de **60 000 €**.

Pour le calcul de son impôt :

- Jusqu'à **10 777 €** : **0 %**
- De **10 777 €** à **20 000 €** : **(20 000 € - 10 777 €) x 11 % = 9 223 € x 11 % = 1 014,53 €**

Cet impôt doit être ensuite multiplié par le nombre de parts du foyer fiscal. Dans cet exemple, il sera multiplié par 3 puisqu'il s'agit d'un couple marié ou pacsé avec 2 enfants.

L'impôt brut de la famille est de : **1 014,53 € x 3**, soit **3 043,59 €**.

Le taux marginal d'imposition (TMI) de cette famille ets de **11 %**, car son quotient familial le situe dans cette tranche. Mais tous ses revenus ne sont pas imposés à **11 %**.

Source : *vosdroits.service-public.fr*

À RETENIR

L'impôt sur le revenu

L'IR est un impôt **progressif** (le taux d'imposition dépend du montant des revenus).

*L'IR est un impôt **global** (il concerne les différentes catégories de revenus perçus par le **foyer fiscal**).

L'IR est un impôt **personnel** (il tient compte dans son calcul de la situation du foyer fiscal).

L'IR est un impôt **annuel** (revenus de l'année civile N déclarés en N+1).

FOYER FISCAL

Le calcul de l'impôt dépend de la situation maritale du contribuable ainsi que du nombre de personnes à charge.

Par exemple, pour un couple marié ou pacsé :

- sans enfant : le foyer fiscal se compose de 2 parts ;
- avec 1 enfant à charge : le foyer fiscal se compose de 2,5 parts.

(0.5 part par enfant jusqu'à 2 enfants puis 1 part par enfant supplémentaire à partir du troisième enfant).

Les enfants majeurs peuvent demander le rattachement au foyer fiscal de leurs parents jusqu'à 21 ans (25 ans si étudiant).

REVENUS IMPOSABLES

Traitements et salaires
BIC
Revenus fonciers (revenus tirés de biens immobiliers/ location)
Revenus de capitaux mobiliers (ex dividendes d'actions, intérêts)
Bénéfices agricoles
BNC bénéfices non commerciaux (avocat, médecin)
...

Le revenu net de chaque catégorie est calculé suivant ses règles propres.

Revenu brut global
-
Déductions (ex.: pension)
=
Revenu net imposable
/Nb de parts
=
Quotient familial
↓
Application du barème progressif
Vérification du plafonnement du QF
↓
Impôt brut
- réductions
- crédits d'impôt
=
Impôt net

IMPOSITION TRAITEMENTS ET SALAIRES

Par défaut, les salariés bénéficient d'un abattement forfaitaire de 10 % pour frais professionnels.

Si cela est plus intéressant, ils peuvent choisir les frais réels. Il leur suffit alors de noter ces frais sur la déclaration.

Méthode du forfait	Méthode des frais réels
Salaire net imposable – 10 % frais forfaitaires	Salaire net imposable + remboursements de frais – frais réels

IMPOSITION DES DIVIDENDES

Par défaut, les intérêts d'obligations et les dividendes d'actions sont soumis au PFU, Prélèvement Forfaitaire Unique, de 12,8 % (plus 17,2 % de prélèvements sociaux).

Calcul de l'impôt 2023 sur les revenus de 2022		
Tranche du revenu net imposable	**Taux marginal d'imposition**	**Formule du calcul de l'impôt brut**
Jusqu'à 10 777	0 %	-
De 10 777 € à 27 478 €	11 %	(R × 0,11) – (1 185,47 × N)
De 27 478 € à 78 570 €	30 %	(R × 0,30) – (6 406,29 × N)
De 78 570 € à 168 994 €	41 %	(R × 0,41) – (15 048,99 × N)
Au-delà de 168 994 €	45 %	(R × 0,45) – (21 808,75 × N)

EXEMPLE

Revenus imposables du foyer fiscal: 85 000€
Nb parts du foyer fiscal: 3

Quotient familial: 85 000/3 = 28 333

Formule directe:
(85 000 × 0,3) – (6 406,29 × 3) = 25 500 – 19 218,87 = 6 281 €

Calcul par tranche:
Pour une part: (27 478 – 10 777) × 11 % + (28 333 – 27 478) × 30% = 1 837,11 + 256,5 = 2 093,61 €
Pour 3 parts: 2 093,61 x 3 = 6 281€

TESTEZ-VOUS !

https://eqrcode.co/a/8CfkKn

Ce questionnaire est également disponible en ligne.

		VRAI	FAUX
1	Les personnes physiques ont toutes le même taux d'imposition à l'impôt sur le revenu.		
2	Un couple marié a deux déclarations d'IR à compléter.		
3	Tous les salariés ont droit à un abattement forfaitaire de 10 % au titre de leurs frais professionnels.		
4	Il est toujours plus intéressant pour un salarié d'opter pour les frais réels.		
5	Le taux d'imposition des dividendes dépend des revenus du foyer fiscal.		
6	Si un foyer fiscal n'est pas imposable, les réductions d'impôt auxquelles il a droit lui seront remboursées.		
7	L'IR est payé de façon annuelle.		

ENTRAÎNEMENTS

Entraînement 1 CHAMPSAUR

1 **Identifiez, pour chacun des cas présentés ci-après, la composition du (ou des) foyer(s) fiscal(aux). Vous exposerez éventuellement les différentes solutions possibles.**

Au besoin, vous effectuerez les recherches documentaires adéquates.

Situation 1 – Nina et Margaux sont deux colocataires habitant à Lyon. Margaux, célibataire de 28 ans, travaille dans une entreprise de l'est lyonnais. Nina, 22 ans, est quant à elle étudiante à Sciences Po. Ses parents habitent Toulouse.

Situation 2 – M. et Mme Lys, résidant à Auxerre, ont un enfant de 17 ans, qui n'habite plus sous leur toit. Il est en effet parti faire ses études à Dijon.

Situation 3 – M. et Mme Bur ont deux enfants de 22 et 24 ans, tous deux étudiants. Ils ont également un fils de 28 ans, atteint de trisomie 21, résidant dans une institution socio-éducative spécialisée.

Situation 4 – M. et Mme Pichon habitent Bagneux. Leurs enfants sont âgés de 32 et 38 ans, et ont fondé leur propre foyer. Compte tenu de l'état de santé de la mère de Mme Pichon, le couple a décidé de l'accueillir chez eux.

Situation 5 – Louise et Valentin se sont mariés cette année. Ils ont tous les deux 28 ans.

Situation 6 – M. et Mme Chauvin ont divorcé il y a deux ans. Sylvain, leur fils de 10 ans, est en garde alternée.

2 Rédigez un courrier adressé à chacun des couples suivants, afin de répondre à leurs interrogations concernant les revenus à déclarer.

Vous vous appuierez sur la documentation fiscale fournie, ainsi que sur le résultat de vos recherches documentaires.

Couple 1 – M. et Mme Meyer habitent à Valenciennes. Mme Meyer travaille en tant qu'employée de mairie, et M. Meyer travaille pour une société de production de matériels industriels. Suite à une restructuration au sein de son entreprise, la direction a proposé à M. Meyer un poste de cadre dans leur usine située en Angleterre, à Norwich. M. Meyer a accepté cette proposition et part donc en Angleterre le lundi matin pour rentrer le vendredi soir. Il est logé dans un hôtel pris en charge par son employeur en Angleterre.

M. et Mme Meyer s'interrogent sur la déclaration des salaires de M. Meyer.

Couple 2 – M. et Mme Lebrun habitent et travaillent tous deux à Perpignan. Depuis toujours attirés par l'Espagne, ils ont fait l'acquisition d'un appartement à Alicante, afin de pouvoir y passer leur retraite. Dans l'attente de celle-ci, le couple loue l'appartement et perçoit donc des revenus locatifs liés à ce bien.

M. et Mme Lebrun s'interrogent sur la déclaration de ces revenus en France.

Documentation / Extraits du Mémento Fiscal Ed. Francis Lefebvre

§485 – Les personnes dont le domicile fiscal est situé en France (métropole ou DOM) sont passibles de l'IR français en raison de l'intégrité de leurs revenus de toute origine.

Il s'agit donc d'une obligation fiscale illimitée : quelle que soit sa nationalité (française ou étrangère), le contribuable doit, en principe, être assujetti à l'impôt dans notre pays sur l'ensemble de ses revenus de source française ou étrangère.

§495 – Une personne est considérée comme ayant en France son domicile fiscal lorsqu'elle se trouve dans un des quatre cas indiqués ci-après :

- la personne a son foyer en France

  D'une manière générale, le foyer s'entend du lieu où la personne ou sa famille habite normalement, c'est-à-dire du lieu de la résidence habituelle, sans qu'il soit tenu compte des séjours effectués temporairement ailleurs en raison des nécessités de la profession ou de circonstances exceptionnelles [...]

- la personne a son lieu de séjour principal en France

  Contrairement au premier critère, on retient uniquement ici le lieu de séjour de la personne elle-même (quelles que soient les conditions de ce séjour), sans s'attacher au lieu de séjour de sa famille.

  En règle générale, il suffit qu'une personne ait séjourné en France plus de 183 jours au cours d'une même année pour qu'elle soit réputée avoir eu son séjour principal dans notre pays au titre de l'année en cause.

- la personne exerce une activité professionnelle en France

- la personne a le centre de ses intérêts économiques en France

  Il s'agit du lieu où l'intéressé a effectué ses principaux investissements, où il possède le siège de ses affaires, d'où il administre ses biens. Ce peut être également le lieu où il a le centre de ses activités professionnelles ou d'où il tire la majeure partie de ses revenus.

§530 – Les personnes qui n'ont pas en France leur domicile fiscal au sens défini au n° 495 sont néanmoins susceptibles d'être soumises à l'impôt français, lorsqu'elles disposent de revenus de source française. [...]

Entraînement 2 FRAISOU

M. et Mme Fraisou sont mariés depuis 15 ans et résident à Lyon.

Ils sont tous deux salariés : M. Fraisou est responsable de la formation dans une entreprise de grande distribution sur Lyon, et Mme Fraisou, suite à une reconversion professionnelle, est professeur d'anglais depuis l'année dernière. Malheureusement, elle n'a pu obtenir un poste sur Lyon et doit donc faire les déplacements en région parisienne pour travailler.

À partir des informations fournies, déterminez le montant du revenu net catégoriel « Traitements et Salaires ».
Vous justifierez vos calculs et vos choix.

Données du contexte

Salaires	M. Fraisou	Mme Fraisou
Salaire brut	41 000	25 164
Retenues salariales	10 803	3 504
CSG & CRDS non déductibles	1 179	717

- M. Fraisou est remboursé par son entreprise de la totalité de ses frais professionnels, que ce soient les frais de bouche ou les frais de déplacement lorsqu'il se rend dans des magasins de son secteur pour des formations sur place.

  Seuls ses trajets domicile-siège social, qu'il effectue avec sa voiture personnelle (une Clio 4 CV) sont à sa charge, ce qui représente 4 800 km dans l'année.

- Mme Fraisou par contre a un certain nombre de frais professionnels qui restent à sa charge. En effet, elle part chaque semaine en train le mardi matin afin de donner ses cours dans un collège de l'est parisien, et ne revient que le jeudi soir sur Lyon.

  Lorsqu'elle est au collège, elle déjeune le midi à la cantine pour 6 € par repas.

  Elle couche à l'hôtel les mardis et mercredis soir, pour 50 € par nuit.

  En outre, elle a dû acheter un certain nombre d'ouvrages, afin de pouvoir préparer ses cours. Le total de ses notes s'élève à 215 €.

  L'année scolaire comporte 36 semaines de cours.

  Mme Fraisou a perçu 862 € de remboursement de frais de transport.

Abonnement train – Mme Fraisou

CALCULER LE PRIX DE VOTRE FORFAIT — * Champs obligatoires

Gare d'origine (sens aller)* : LYON PART DIEU

Gare de destination* : PARIS GARE DE LYON

Confort : 1e classe / 2e classe

Début de validité :

Modalités de paiement : 12 mensualités / En une fois

Modifier

VOTRE DEVIS

Votre choix d'abonnement :

- Trajet : LYON PART DIEU - PARIS GARE DE LYON
- Confort : 2e classe
- Mode de règlement : 12 mensualités
- Début de validité : mai

MONTANT TOTAL DE VOTRE FORFAIT ANNUEL : 6 708,00 € TTC

Le montant des 12 mensualités est de 559,00 € TTC chacune

Documentation / Déduction des frais réels

Déduction des frais réels

En plus des frais les plus courants (frais de transport et de nourriture), si vous pouvez les justifier, les frais suivants peuvent également être déduits :

- frais de voyages ou de déplacements professionnels ;
- frais de vêtements spécifiques à la profession (bleus de travail, uniformes...) ;
- frais supportés si vous êtes contraints de changer de résidence pour obtenir un nouvel emploi, à l'exclusion des dépenses de réinstallation du foyer ;
- frais de documentation professionnelle ;
- frais de stage de formation professionnelle lorsque vous les supportez au cours de votre activité ou en tant que demandeur d'emploi régulièrement inscrit auprès du service compétent ;
- dépenses supportées pour l'acquisition d'un diplôme ou d'une qualification permettant l'amélioration de votre situation professionnelle ou l'accès à une autre profession ;
- dépenses que vous engagez pour l'utilisation professionnelle d'un bureau ou d'un local spécifique nécessaire à votre activité, lorsque votre employeur ne met pas à votre disposition de local adapté aux conditions d'exercice de la profession ;
- cotisations versées aux syndicats et cotisations ou primes d'assurances de responsabilité professionnelle ;
- frais de double résidence lorsque les époux ou partenaires liés par un Pacs exercent leur activité professionnelle dans des lieux éloignés l'un de l'autre, et qu'ils n'ont pu remédier à cette situation, malgré les démarches entreprises. Cette situation ne doit pas relever de convenances personnelles.

www.impots.gouv.fr, DGFiP

Barème kilométrique

Nombre de CV	Moins de 5000 km	5 001 à 20000 km	Plus de 20000 km
3 CV et moins	d × 0,502	(d × 0,3) + 1 007	d × 0,35
4 CV	d × 0,575	(d × 0,323) + 1 262	d × 0,387
5 CV	d × 0,603	(d × 0,339) + 1 320	d × 0,405
6 CV	d × 0,631	(d × 0,355) + 1 382	d × 0,425
7 CV et plus	d × 0,661	(d × 0,374) + 1 435	d × 0,446

Frais de bouche

Votre activité vous oblige à prendre certains repas hors de chez vous ? Vous pouvez déduire les frais supplémentaires que vous engagez par rapport au prix d'un repas pris à domicile (la valeur du repas pris au foyer est évaluée à 5 €).

Les salariés qui optent pour la déduction des frais réels sont autorisés à faire état des dépenses supplémentaires sur les repas pris sur leur lieu de travail lorsqu'ils ne peuvent rentrer les prendre chez eux en raison de leurs horaires de travail ou de l'éloignement de leur domicile.

Le montant retenu est différent selon les situations :

➢ Vous ne disposez pas d'un mode de restauration collective sur votre lieu de travail ou à proximité

- Si vous avez les justificatifs complets et précis, le montant des frais supplémentaires est égal à la différence entre le prix du repas payé et 5 €.
- Si vous n'avez pas de justificatif détaillé, les frais supplémentaires sont évalués à 5 € par repas.

➢ Vous disposez d'un mode de restauration collective sur votre lieu de travail ou à proximité

Vous pouvez, le cas échéant et si vous avez les justificatifs, déduire le montant des frais supplémentaires égal à la différence entre le prix du repas payé « à la cantine » et 5 €.

Dans tous les cas, vous devez déduire des frais de nourriture la participation de l'employeur à l'acquisition de titres-restaurant.

www.impots.gouv.fr, DGFiP

Entraînement 3 KAPANG

Monsieur et Madame Kapang sont mariés sous le régime de la communauté réduite aux acquêts depuis 25 ans. Ils ont un fils, Martin 23 ans, qui poursuit des études de sociologie. Pendant le mois de juillet, il a travaillé dans un supermarché pour la mise en rayons.

Monsieur Kapang est salarié dans une entreprise industrielle qui produit des pièces pour le secteur automobile.

Madame Kapang, quant à elle, effectue une activité indépendante au sein d'une EURL, dont l'activité est la distribution de produits auprès d'instituts de beauté. Elle a adhéré à un centre de gestion agréé.

Ils disposent d'un compte titres dans leur banque, sur lequel ils possèdent des actions et des obligations, et qu'ils mouvementent en fonction de leurs besoins et excédents de trésorerie.

À partir des informations fournies et de la documentation fiscale du cas Folipe, déterminez le montant du revenu net catégoriel pour les « Traitements et Salaires », « Revenus des Capitaux Mobiliers » et « Bénéfices Industriels et Commerciaux ».

Vous justifierez vos calculs et vos choix.

Données du contexte

BIC - Extrait de la déclaration 2058

III. RÉSULTAT FISCAL			TOTAL II	XH	
Résultat fiscal avant imputation des déficits reportables :	bénéfice (I moins II)	XI	56 342		
	déficit (II moins I)			XJ	
Déficit de l'exercice reporté en arrière (entreprises à l'IS)		ZL			
Déficits antérieurs imputés sur les résultats de l'exercice (entreprises à l'IS)				XL	
RÉSULTAT FISCAL	BÉNÉFICE (ligne XN) ou DÉFICIT reportable en avant (ligne XO)	XN	56 342	XO	

* Des explications concernant cette rubrique sont données dans la notice n° 2032.

Extrait bulletin de salaire de Martin

Récapitulatif montants - Juillet

	HEURES PAYÉES	BRUT	COTISATIONS salariales	COTISATIONS patronales	NET À PAYER	NET imposable
MOIS	105	1 155	216,30	130,08	938,7	971,60
CUMUL	105	1 155	216,30	130,08	938,7	971,60

Attestation de l'employeur de Monsieur Kapang

Monsieur,

Vous trouverez ci-dessous les différents montants qui vous seront utiles pour vérifier votre déclaration de revenus.

DÉCLARATION FISCALE DES TRAITEMENTS ET SALAIRES
PERÇUS AU COURS DE L'ANNÉE
MONTANT DES RÉMUNÉRATIONS IMPOSABLES À DÉCLARER
33 240 €

N.B. - Le montant des frais professionnels engagés par Monsieur Kapang est minime.

Récapitulatif du compte titres

RÉCAPITULATIF DES OPÉRATIONS SUR VOTRE COMPTE TITRES DU 1er JANVIER AU 31 DÉCEMBRE

État du compte au 1er janvier

Actions	Quantité	Cours d'achat	Montant brut
Total	50	47,91 €	2395,50 €
	80	42,62 €	3409,60 €
Cap Gemini	10	76,25 €	762,50 €
Alcatel Lucent	150	3,33 €	499,50 €
BNP Paribas	40	41,79 €	1671,60 €

Obligations	Quantité	Cours d'achat	Montant brut
BPCE 3,3 %	5500	1,03 €	5665,00 €
BPCE 4,2 %	6850	1,09 €	7466,50 €

Vos mouvements de l'année

Acquisitions actions Total le 16 octobre

Quantité	Cours d'achat	Montant brut
20	42,55 €	851,00 €

Cession actions Alcatel Lucent le 6 août

Quantité	Cours d'achat	Montant brut
150	2,51 €	376,50 €

Vos revenus de l'année

Intérêts des obligations	Brut	Prélèvement	Net
BPCE 3,3 %	181,50 €	54,45 €	127,05 €
BPCE 4,2 %	287,70 €	86,31 €	201,39 €

Dividendes	Brut	Prélèvement	Net
Total	317,20 €	95,16 €	222,04 €
Cap Gemini	12,00 €	3,60 €	8,40 €
BNP Paribas	60,00 €	18,00 €	42,00 €

Vos frais de l'année

Frais de garde	76,00 €
Frais liés aux mouvements	18,00 €

Documentation Extrait bofip.impots.gouv.fr

IX. Rémunérations perçues par les personnes âgées de 25 ans au plus à raison d'une activité exercée pendant leurs études secondaires ou supérieures ou durant leurs congés scolaires ou universitaires (CGI, article 81, 36°)

160

Par principe, les sommes perçues en rémunération d'emplois salariés, y compris par des jeunes gens, élèves ou étudiants sont passibles de l'impôt sur le revenu selon les règles de droit commun des traitements et salaires.

170

Toutefois, le 36° de l'**article 81 du CGI** exonère d'impôt sur le revenu, dans la limite de trois fois le montant mensuel du salaire minimum interprofessionnel de croissance (SMIC), les salaires versés aux jeunes de vingt-cinq ans au plus au 1er janvier de l'année d'imposition en rémunération d'une activité exercée pendant l'année scolaire ou universitaire ou durant leurs congés scolaires ou universitaires (« emplois de vacances » ou « jobs d'été »).

Entraînement 4 SIMUL

Un client du cabinet d'expertise comptable dont vous avez le dossier en responsabilité vous demande conseil quant à sa déclaration d'impôt sur le revenu. En effet, un de ses fils vient de commencer à travailler en tant que salarié dans une entreprise lyonnaise, et il s'interroge sur l'intérêt de le rattacher à son foyer fiscal.

M. et Mme Simul sont mariés sous le régime de la communauté réduite aux acquêts depuis juillet 1995.

Ils ont créé une entreprise individuelle, qui voit son résultat imposé dans le cadre des BIC. Cette entreprise adhère à un CGA. Son résultat fiscal représente donc le revenu net pour la catégorie des « Bénéfices Industriels et Commerciaux ». Il s'élève à 43200 € pour l'exercice.

Madame Simul travaille comme secrétaire juridique chez un avocat et perçoit à ce titre une rémunération de 18200 € net imposable sur l'année.

M. et Mme Simul ont un fils, Jérôme, qui vit toujours chez eux. Il a fêté ses 20 ans le 15 février. Il a commencé à travailler en tant que salarié en avril dans la société Evam. Son salaire net imposable pour l'année est de 11896 €.

Afin de pouvoir conseiller votre client, calculez, dans chacune des hypothèses possibles, le montant de l'impôt dû par l'ensemble des membres de la famille.
Vous pourrez vous aider d'un tableur pour effectuer vos simulations.

Documentation Pension alimentaire versée à un enfant majeur

Fonctionnement

Vous pouvez déduire de vos revenus la pension alimentaire que vous versez à un enfant majeur qui a besoin de votre aide financière pour vivre (par exemple enfant poursuivant des études, au chômage, infirme...), à une double condition :-

- que votre enfant ne soit pas rattaché à votre foyer fiscal pour l'impôt sur le revenu,
- que la pension ne dépasse pas certains plafonds (voir ci-dessous).

Votre enfant ne vit pas sous votre toit

Vous pouvez déduire vos dépenses pour leur montant réel et justifié dans la limite des plafonds suivants :

- **6 368 €** par enfant, qu'il soit ou non célibataire ;
- **12 736 €** par enfant si votre enfant est célibataire chargé de famille et que vous subvenez seul à ses besoins ;
- **12 736 €** par enfant si votre enfant est marié ou pacsé et que vous subvenez seul à l'entretien du couple.

Votre enfant vit sous votre toit

Vous pouvez déduire, sans avoir à fournir de justificatif, vos dépenses de nourriture et d'hébergement pour un montant forfaitaire fixé à **3 786 €** par enfant (le double si votre enfant est marié ou pacsé).

Si vous avez hébergé votre enfant une partie de l'année seulement, cette somme est réduite au prorata du nombre de mois concernés, tout mois commencé étant retenu en entier.

Dans le cas où le montant forfaitaire est insuffisant, vous pouvez également déduire les autres dépenses (frais de scolarité par exemple) pour leur montant réel et justifié.

Au total, les sommes déduites ne doivent pas dépasser **6 368 €** par enfant.

À noter : votre enfant majeur doit déclarer la pension que vous déduisez.

www.service-public.fr

Entraînement 5 SYNTHÉ

M. Synthé, 62 ans, est en retraite. Il a reçu à ce titre une pension de 18 000 € sur l'année. Il s'occupe, actuellement, bénévolement d'une association d'aide aux personnes en grande difficulté financière. Son épouse, Mme Synthé, est salariée dans un hôtel. Elle a perçu 31288 € de salaires imposables.

Ils ont quatre enfants : Éva, 24 ans, qui a terminé en juin ses études ; Alban, 23 ans, étudiant ; Véronique, 17 ans, lycéenne et Tristan, 14 ans, collégien. Éva et Alban ont demandé à être rattachés au foyer fiscal de leurs parents. Aucun des enfants n'a perçu de revenus au cours de l'année.

En prenant soin d'expliquer votre démarche, de justifier vos choix et de détailler vos calculs, vous déterminerez le montant de l'impôt net dû par le foyer fiscal pour les revenus perçus.

Données du contexte

M. et Mme Synthé emploient une personne à domicile pour les courses, le ménage et la cuisine. Le coût total s'élève à 2 700 €, dont 900 € de charges sociales.

Dans le courant de l'année, M. et Mme Synthé ont versé 250 € pour les deniers de l'Église au sein de leur paroisse.

Documentation fiscale 1 L'emploi d'un salarié à domicile

Taux

Le crédit d'impôt s'élève à 50 % des dépenses supportées dans l'année dans la limite d'un plafond qui dépend de votre situation.

Les aides reçues pour financer l'emploi du salarié à domicile doivent être déduites des dépenses. Par exemple, l'allocation personnalisée à l'autonomie (Apa), le complément de libre choix du mode de garde (CMG) ou l'aide financière de l'employeur.

Plafond annuel des dépenses

Les dépenses sont retenues dans la limite de 12 000 € par an.

Ce plafond est majoré de 1 500 € (sans pouvoir dépasser au total 15 000 €) dans les cas suivants :
- enfant à charge (750 € en cas de garde alternée) ;
- membre de votre foyer âgé de plus de 65 ans ;
- ascendant de plus de 65 ans.

Les dépenses pour des petits travaux et pour l'assistance informatique ne sont retenues que dans certaines limites.

Plafonds annuels de dépenses par foyer fiscal pour certaines prestations	
Nature de la prestation	Plafond annuel de dépenses (par foyer fiscal)
Intervention pour petit bricolage d'une durée maximale de 2 heures	**500 €**
Assistance informatique et internet à domicile	**3 000 €**
Petits travaux de jardinage	**5 000 €**

Entraînements

Documentation fiscale 2 Réduction d'impôt – frais de scolarité

Le montant de la réduction dépend du niveau de la scolarité :

- COLLÈGE : 61 € ;
- LYCÉE : 153 € ;
- SUPÉRIEUR : 183 €.

Documentation fiscale 3 Impôt sur le revenu : réduction pour dons à des organismes d'intérêt général

Organismes établis dans un État européen

Les sommes versées à des organismes agréés situés dans un État membre de l'Union européenne, en Islande ou en Norvège ouvrent également droit à la réduction d'impôt.

À défaut d'agrément, vous devez justifier que l'organisme poursuit des objectifs et présente des caractéristiques similaires aux organismes éligibles situés en France.

Calcul de la réduction

Dons effectués

Type d'organisme	Montant ouvrant droit à la réduction d'impôt	Réduction maximale
Œuvre d'intérêt général ou d'utilité publique	66 % des sommes versées	20 % du revenu imposable
Organisme d'aide aux personnes en difficulté	75 % des sommes versées jusqu'à 1 000 €	750 €
	66 % de la partie des dons supérieure à 1 000 €	20 % du revenu imposable
Dons aux cultes	75 % dans la limite de 562 €	Pas de limite jusqu'à fin 2022
	66 % de la partie des dons supérieure à 562 €	

www.service-public.fr

Entraînement 6 CARÉNOT

Monsieur et Madame Carénot sont mariés sous le régime de la séparation de biens depuis 15 ans. Ils ont 2 enfants, de 11 et 13 ans. Leur fille de 13 ans est scolarisée au collège, leur fils de 11 ans à l'école primaire.

À partir des données fournies et de la documentation fiscale, vous calculerez l'impôt dû par le couple sur ses revenus. Vous tiendrez compte du plafonnement du quotient familial.

Données du contexte

Les revenus de Monsieur et Madame Carénot sont composés exclusivement de salaires.

Le salaire imposable sur l'année de Monsieur Carénot est de 47 216 €, celui de Madame Carénot de 36 087 €.

Documentation fiscale / Extrait du Mémento Fiscal ED. Francis Ledebvre

§2265 – Plafonnement des effets du quotient familial

L'avantage fiscal résultant de l'application du quotient familial est limité pour chaque demi-part ou quart de part additionnel, cette expression s'entendant des demi-parts ou quarts de part qui s'ajoutent au nombre de parts suivant :

- deux parts pour les contribuables mariés ou liés par un pacs faisant l'objet d'une imposition commune [...] ;
- une part pour les autres contribuables [...].

Pour l'imposition des revenus 2022, le plafond de l'avantage en impôt est fixé à :

- 1 678 € pour chaque demi-part additionnelle ;
- 839 € pour chaque quart de part additionnel.

Entraînement 7 PRÉLÈV

Documentation fiscale / Les modalités d'imposition

➢ **Contributions**

La Contribution sociale généralisée (CSG) et la Contribution au remboursement de la dette sociale (CRDS) sont prélevées sur les revenus d'activité et de remplacement (indemnités de chômage, pensions de retraite, etc.). Le taux est différent selon les revenus concernés. Les personnes dont les revenus sont inférieurs à certains plafonds bénéficient d'un taux réduit ou d'une exonération. Par ailleurs, certains revenus sont exonérés.

Salaires et aux revenus d'activité

La CSG et la CRDS sont prélevées sur le montant brut des revenus salariés ou non salariés :

- salaires ;
- primes et indemnités diverses ;
- avantages en nature ou en espèces (si la rémunération est exclusivement constituée d'avantages en nature, elle est exonérée de CSG et de CRDS) ;
- bénéfices industriels et commerciaux ;
- bénéfices agricoles...

Taux normal

Nature des revenus	Taux global CSG	Taux CSG déductible de l'impôt sur le revenu	Taux CRDS	Assiettes (base de calcul)
Revenus d'activité salariée	9,2 %	6,8 %	0,50 %	98,25 % du revenu brut si le montant ne dépasse pas 175 968 € 100 % au-delà
Complément du salaire (exemple : sommes liées à l'intéressement)	9,2 %	6,8 %	0,50 %	100 %

Exonérations

➢ **Sommes perçues par les étudiants et les apprentis**

➢ **Sommes perçues dans le cadre du volontariat ou de la coopération**

➢ **Frais professionnels**

1 **À partir de la documentation fiscale indiquée, vous compléterez le tableau suivant, en précisant le taux de la contribution :**

Annexe 1 Prélèvements sociaux sur les revenus

	CSG	CRDS	Autres (précisez)	Base de calcul
Revenus d'activité	9,2 %	0,5 %	–	98,25 % revenus
Revenus de capitaux mobiliers	9,2 %	0,5 %	7,5 %	Totalité
Intérêts des livrets A	Exonération			

2 **À l'aide de l'annexe 1, indiquez les prélèvements auxquels sont soumis les différents revenus.**

Annexe 2 Application pratique sur les prélèvements sociaux

	CSG	CRDS	Autres (précisez)	Base de calcul Prélèvements sociaux sur les revenus
M. Resto perçoit un salaire de 3 200 € brut mensuel pour ses fonctions de directeur des achats.	9,2 %	0,5 %	–	98,25 % brut
Son livret A lui a rapporté des intérêts à hauteur de 88 €.	exonération			
Il a perçu des intérêts liés à ses obligations pour 450 €.	9,2 % 41,4	0,50 %	7,50 % 33,75	totalité 520.00
Il a perçu des dividendes d'actions pour 520 €.	9,2 % 47,84	0,50 % 2,60	7,5 % 39	totalité 520

prélèvement de solidarité

CHAPITR

Autres impôts directs

- 3.4.1 Identification et recensement des autres impôts directs
- 3.4.2 Recouvrement et enregistrement des autres impôts directs

Compétence

- Découvrir les autres impôts directs dont les entreprises sont redevables.

Notion clé

- Taxe apprentissage
- Contribution économique territoriale

PLAN

Activités

À l'aide des **fiches ressources**, réalisez les différentes activités proposées.

1 Taxe d'apprentissage
2 Contribution économique et territoriale
3 Comptabilisation

Fiche ressources

1 Taxe d'apprentissage
2 Contribution économique et territoriale

Révision

Testez-vous

Entraînements

CONTEXTE CLIENTS

À l'aide des fiches ressources, réalisez les différentes activités proposées concernant les 3 entreprises suivantes :

- La première entreprise, l'EURL PEINTUS, a pour activité la prestation de services de peinture et autres petits travaux d'aménagement chez les particuliers.

  Elle est soumise à l'impôt sur le revenu quant à l'imposition de ses bénéfices.

  Monsieur Arnaud, associé unique, est également l'unique salarié de l'entreprise. Il a pris avec lui un apprenti depuis le mois de septembre.

  Son chiffre d'affaires pour l'exercice N-1 est de 48 500 €.

- La deuxième entreprise, la SA CLEAU, a pour activité la fabrication de pièces en PVC commercialisées ensuite à des clients de secteurs industriels variés (automobile, agroalimentaire...).

  Elle est soumise à l'impôt sur les sociétés quant à l'imposition de ses bénéfices.

  Elle emploie 225 salariés et a dégagé un chiffre d'affaires de 3 200 k€ pour l'exercice N-1.

- La troisième entreprise, la SNC FREEZING, a pour activité le transport frigorifique. Elle est filiale d'une société holding formée en SA.

  Le bénéfice dégagé est imposé entre les mains de ses associés, c'est-à-dire la SA holding.

  La SNC emploie 30 salariés et a dégagé en N-1 un chiffre d'affaires de 558 000 €.

Activité 1 — Taxe Apprentissage

1 **Les 3 entreprises présentées doivent-elles payer la taxe d'apprentissage ? Si oui, quand et comment ?**

Activité 2

Contribution économique et territoriale

2 Les 3 entreprises présentées doivent-elles payer la CET ? Si oui, quand et comment ?

Activité 3

Comptabilisation

Échéancier fiscal de la SA CLEAU :

15/06/N	Acompte CFE 2 000 €
15/12/N	Solde CFE 3 200 €

3 Vérifiez si la SA CLEAU respecte bien les délais et notez les libellés sur les écritures suivantes :

	05/05/N		
63511	CET	5 200	
447	Autres impôts		5 200
	Avis d'imposition		
	15/06/N		
447	Autres impôts	2 000	
512	Banque		2 000
	....		
	15/12/N		
447	Autres impôts	3 200	
512	Banque		3 200
	....		

1 TAXE D'APPRENTISSAGE

A La taxe d'apprentissage (part principale et solde)

La taxe d'apprentissage vise à favoriser un accès égal à l'apprentissage et contribue au financement d'actions visant au développement de l'apprentissage. Elle est constituée de deux parts :

- une part principale qui finance les formations par apprentissage ;
- un solde qui finance le développement des formations initiales technologiques et professionnelles (hors apprentissage) et l'insertion professionnelle.

La taxe d'apprentissage est assise sur les revenus d'activités mentionnés au I de l'article L242-1 du code de la Sécurité sociale. Toutefois, les rémunérations dues aux apprentis par les employeurs dont l'effectif est de moins de 11 salariés sont exonérées de la taxe d'apprentissage.

L'essentiel

Dans le cadre du transfert de recouvrement de la taxe d'apprentissage à l'Urssaf, les principaux changements sont les suivants :

- la déclaration de la taxe d'apprentissage se fait désormais en DSN ;
- la déclaration de la part principale de la taxe d'apprentissage est désormais mensuelle ;
- le solde de la taxe d'apprentissage est recouvré annuellement, en exercice décalé.

Une plateforme de fléchage sera mise à disposition par la Caisse des dépôts et consignations, ce qui vous permettra de désigner les établissements destinataires du solde de la taxe d'apprentissage.

B Les employeurs concernés

La taxe d'apprentissage est due par toutes les entreprises (entreprise individuelle ou société, entreprise commerciale, industrielle ou artisanale, entrepreneur individuel, association, ou groupement d'intérêt économique) soumises à :

- l'impôt sur les sociétés ;
- l'impôt sur le revenu dans la catégorie des bénéfices industriels et commerciaux (**BIC**). Les sociétés de personnes dont les activités relèvent des bénéfices non commerciaux (**BNC**) sont exonérées de taxe d'apprentissage.

Sont exonérés mensuellement de la taxe d'apprentissage les employeurs occupant un ou plusieurs apprentis avec lesquels ils ont conclu un contrat d'apprentissage dans les conditions prévues aux articles L6221-1 à L6225-8 du code du travail, et lorsque les rémunérations mensuellement dues par ces employeurs, telles qu'elles sont prises en compte pour la détermination de l'assiette des cotisations définie à l'article L242-1 du code de la sécurité sociale, n'excèdent pas six fois le montant du salaire minimum de croissance mensuel en vigueur au cours de la période d'emploi au titre de laquelle les rémunérations sont dues. Le mois de référence pour la présence d'apprentis et la limite des six smic est le mois M-1.

C Déclaration de la part principale de taxe d'apprentissage

Pour les établissements en France et de l'outre-mer (à l'exception du Bas-Rhin, Haut-Rhin et de la Moselle)

Vous devez déclarer mensuellement la part principale de la taxe d'apprentissage via la DSN.

Le taux déclaré de la part principale de la taxe d'apprentissage est de 0,59 %.

D Déclaration du solde de la taxe d'apprentissage

Si vous êtes un établissement en France ou de l'outre-mer (à l'exception du Bas-Rhin, Haut-Rhin et de la Moselle), vous devez déclarer annuellement le solde de la taxe d'apprentissage. Pour la masse salariale 2023, vous devrez réaliser la déclaration sur la DSN d'avril 2024 (exigible le 5 ou 15 mai 2024).

Le taux est déclaré à 0,09 %.

2 CONTRIBUTION ÉCONOMIQUE TERRITORIALE

Depuis 2010, la contribution économique territoriale (CET) remplace la taxe professionnelle sur les équipements et biens mobiliers (TP), à laquelle étaient soumises les entreprises et les personnes physiques ou morales qui exercent une activité professionnelle non salariée.

La CET est composée de la cotisation foncière des entreprises (CFE) et la cotisation sur la valeur ajoutée des entreprises (CVAE).

La loi de finances pour 2023 a prévu une suppression de la contribution sur la valeur ajoutée des entreprises (CVAE) sur deux ans. Cette suppression s'accompagne d'une réduction du plafonnement de la contribution économique territoriale.

Les auteurs ont décidé de supprimer l'étude de la CVAE (cotisation qui disparaitra en 2024).

CFE

1 Entreprises concernées

La CFE doit être payée par les sociétés et les particuliers qui exercent de manière habituelle une **activité professionnelle non salariée**. Et ce quels que soient leur statut juridique, la nature de leur activité, leur régime d'imposition et leur nationalité.

→ **À noter :** les entreprises réalisant un chiffre d'affaires ou de recettes inférieur ou égal à **5 000 €** sont exonérées de CFE.

2 Activités concernées

L'activité imposable à la CFE doit être exercée en France et remplir l'ensemble des conditions suivantes :

- elle doit présenter un caractère habituel ;
- elle doit être exercée à titre professionnel ;
- elle doit être non salariée (cela signifie que les salariés ne sont pas concernés par la CFE).

Les activités de location et de sous-location de locaux nus à usage d'habitation ne sont pas concernées par la CFE lorsqu'elles ne relèvent pas d'une activité professionnelle.

Les autres activités de location ou de sous-location de locaux sont concernées par la CFE lorsqu'elles réalisent un chiffre d'affaires ou des recettes brutes hors taxes d'au moins **100 000 €**.

La CFE ne concerne pas la location meublée de certains logements qui font partie de la résidence principale du propriétaire.

Les propriétés bâties et les propriétés non bâties entrent dans le champ d'application de la CFE, sauf exonération permanente ou temporaire accordée à certaines entreprises.

Il existe de nombreuses exonérations.

Les contribuables peuvent être exonérés du paiement de la CFE de plein droit(automatiquement) ou de manière facultative (sur demande, avec approbation de la collectivité).

À savoir :

Une entreprise est exonérée de CFE l'année de sa création (uniquement jusqu'au 31 décembre de l'année en cours). Ensuite, sa base d'imposition est réduite de moitié l'année suivante.

Exonérations de plein droit

Les organismes et les personnes suivants sont exonérés de CFE de manière automatique et permanente :

- artisans et façonniers travaillant soit pour les particuliers avec des matériaux fournis, soit pour leur compte avec des matières leur appartenant, qu'ils aient ou non une enseigne ou une boutique, lorsqu'ils utilisent uniquement le concours d'apprenti(s) âgé(s) de 20 ans maximum au début de l'apprentissage. Ils peuvent se faire aider de leur conjoint, de leur partenaire Pacs et de leurs enfants ;
- ...

3 Calcul et base d'imposition

Le taux de la CFE est fixé par la commune ou l'EPCI sur le territoire duquel le redevable a des biens imposables.

La CFE est calculée sur la valeur locative des biens immobiliers soumis à la taxe foncière que l'entreprise a utilisés pour son activité professionnelle au cours de l'année N-2.

Si l'entreprise ne possède pas de biens immobiliers, une cotisation minimum est calculée en fonction du CA. Le montant de la CFE dépend de la commune.

4 Paiement

Un établissement qui doit payer la CFE ne reçoit plus d'avis d'imposition et d'avis d'acompte par courrier. Il doit consulter le compte fiscal en ligne.

Le paiement de la CFE se fait en **2 tranches**.

Un **acompte** égal à 50 % du montant de la CFE mise en recouvrement au titre de l'année précédente doit être réglé avant le 15 juin de l'année en cours.

L'établissement ne doit pas payer d'acompte si le montant de la CFE était inférieur à **3 000 €**.

Le **solde** de la CFE doit être réglé au plus tard le 15 décembre de chaque année, déduction faite de l'éventuel acompte versé. Donc c'est la totalité de la CFE qui doit être payée si un acompte n'a pas été versé.

→ **À savoir :** lorsque la date limite de paiement ou de prélèvement de la CFE coïncide avec un samedi, un dimanche ou un jour férié, celle-ci est prorogée au 1er jour ouvrable suivant.

L'établissement a le choix entre les modes de paiement suivants :

- paiement sur internet via le compte fiscal en ligne ;
- prélèvement mensuel (adhésion possible jusqu'au 30 juin) ;
- prélèvement à l'échéance (adhésion possible jusqu'au 30 novembre pour le paiement du solde).

Source : *https://www.service-public.fr/professionnels-entreprises/vosdroits/N13443*

FICHES RESSOURCES

TESTEZ-VOUS !

Ce questionnaire est également disponible en ligne.

https://eqrcode.co/a/ZVVQy2

	VRAI	FAUX
1 Seules les entreprises soumises à l'IS paient la CET.		
2 À masse salariale identique, une entreprise lyonnaise et une entreprise bordelaise paieront le même montant de taxe d'apprentissage.		
3 À CA identique, une entreprise lyonnaise et une entreprise bordelaise paieront le même montant de CFE.		
4 La taxe d'apprentissage est déclarée via la DSN.		
5 Une entreprise peut choisir de verser la taxe d'apprentissage dont elle est redevable à votre organisme de formation.		

Entraînements

Entraînement 1 SEUIL

L'entreprise SEUIL est spécialisée dans la production de matériaux nécessaires à l'industrie aéronautique. Elle procède actuellement à différents rachats d'entreprises à l'activité similaire, ce dont témoigne l'augmentation importante de son chiffre d'affaires sur les dernières années.

Son dirigeant, M. Zoura, s'interroge sur la contribution économique territoriale, plus particulièrement sur le fait de savoir si l'entreprise est soumise à cet impôt.

À l'aide de la documentation et de l'annexe retraçant l'évolution du chiffre d'affaires sur les dernières années, rédigez un e-mail à l'attention de M. ZOURA afin de lui indiquer les exercices sur lesquels l'entreprise sera soumise à la CET.

Documentation

Utilisez votre **fiche ressources** concernant le champ d'application des autres impôts directs.

Annexe Évolution du chiffre d'affaires de la société SEUIL

	N–1	N	N+1
Chiffre d'affaires (en €)	132 000	285 000	524 000

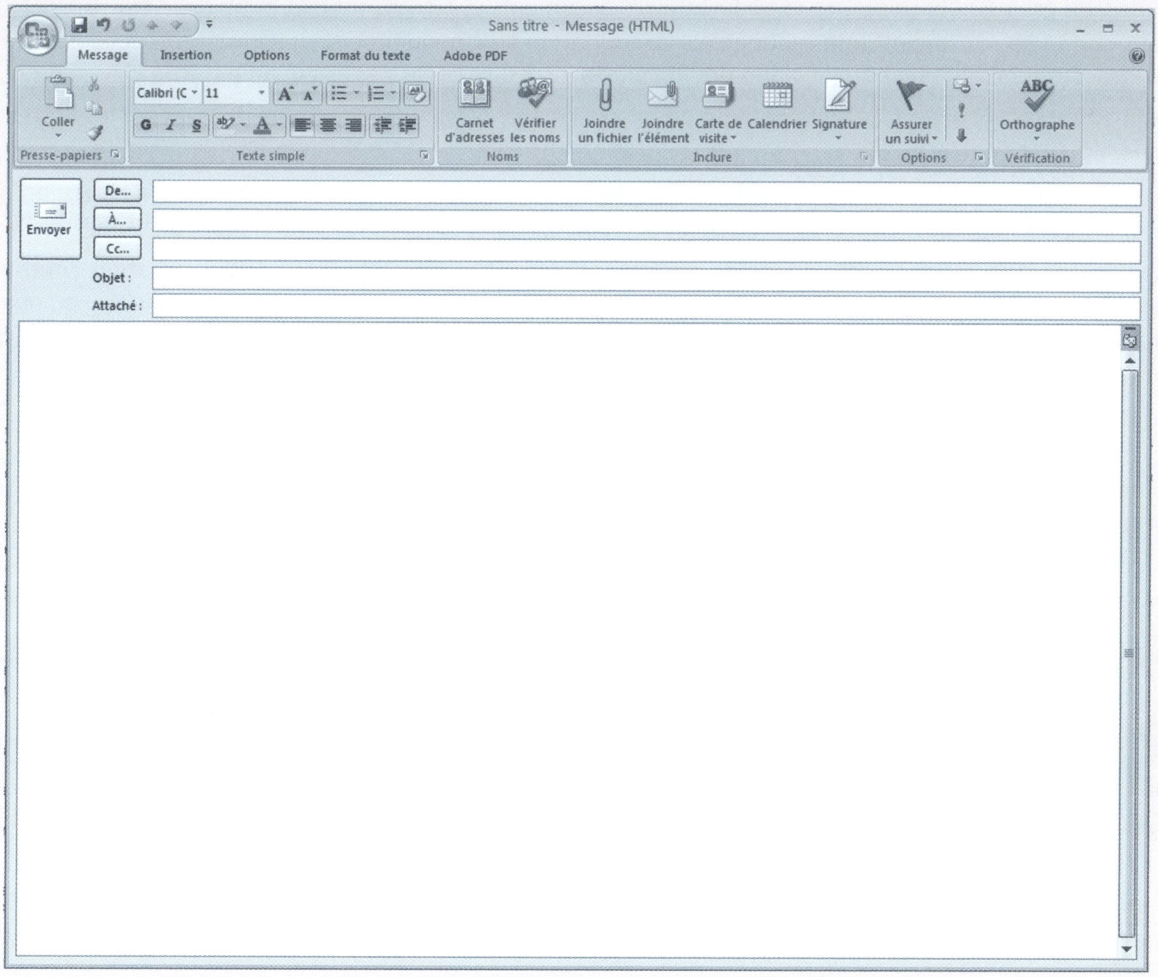

Entraînement 2 ARCHIV

Lien avec P7

Mme Romer est comptable unique dans une petite entreprise. Elle souhaiterait mettre en place un système d'archivage des documents fiscaux, notamment ceux concernant la contribution économique territoriale et la taxe d'apprentissage.

Elle a déjà réfléchi à un système d'archivage: elle souhaiterait ainsi, par souci de place, scanner les documents concernés afin de les conserver sous format numérique pendant 3 ans (conformément au délai de reprise).

Vous disposez de quelques informations issues de la documentation fiscale.

Dans un premier temps, vous recenserez les différents documents concernant ces impositions, que Mme Romer doit stocker dans son système d'information.

Puis vous rechercherez si ces impôts sont concernés par des délais spécifiques de reprise.

Enfin, vous émettrez un avis, et proposerez une solution, sur le système d'archivage envisagé par Mme Romer. Vous pouvez, pour enrichir votre réponse, chercher de la documentation supplémentaire.

Documentation 1 Article L. 102B du Livre des Procédures Fiscales

Version en vigueur depuis le 1er juillet 2021

Modifié par LOI n° 2019-1479 du 28 décembre 2019 - art. 147 (M)

I. – Les livres, registres, documents ou pièces sur lesquels peuvent s'exercer les droits de communication, d'enquête et de contrôle de l'administration doivent être conservés pendant un délai de six ans à compter de la date de la dernière opération mentionnée sur les livres ou registres ou de la date à laquelle les documents ou pièces ont été établis.

Sans préjudice des dispositions du premier alinéa, lorsque les livres, registres, documents ou pièces mentionnés au premier alinéa sont établis ou reçus sur support informatique, ils doivent être conservés sous cette forme pendant une durée au moins égale au délai prévu au premier alinéa de **l'article L. 169**.

Sans préjudice du premier alinéa du présent I, lorsque les documents et pièces sont établis ou reçus sur support papier, ils peuvent être conservés sur support informatique ou sur support papier, pendant une durée égale au délai prévu au même premier alinéa. Les modalités de numérisation des factures papier sont fixées par arrêté du ministre chargé du budget.

Les pièces justificatives relatives à des opérations ouvrant droit à une déduction en matière de taxes sur le chiffre d'affaires sont conservées pendant le délai prévu au premier alinéa.

Les registres tenus en application du 9 de **l'article 298 sexdecies F** du Code général des impôts et du X des articles 298 sexdecies G et 298 sexdecies H du même code sont conservés pendant dix ans à compter du 31 décembre de l'année de l'opération.

I bis. – Les informations, documents, données, traitements informatiques ou système d'information constitutifs des contrôles mentionnés au 1° du VII de l'article 289 du code général des impôts et la documentation décrivant leurs modalités de réalisation doivent être conservés pendant un délai de six ans à compter de la date à laquelle les documents ou pièces ont été établis, sur support informatique ou sur support papier, quelle que soit leur forme originale.

II. – Lorsqu'ils ne sont pas déjà mentionnés aux I ou I bis, les informations, données ou traitements soumis au contrôle prévu au IV de **l'article L. 13** doivent être conservés sur support informatique jusqu'à l'expiration du délai prévu au premier alinéa de l'article L. 169. La documentation relative aux analyses, à la programmation et à l'exécution des traitements doit être conservée jusqu'à l'expiration de la troisième année suivant celle à laquelle elle se rapporte..

NOTA: Conformément au B du IV de l'article 147 de la loi n° 2019-1479 du 29 décembre 2019, ces dispositions entrent en vigueur le 1er janvier 2021. Le III de l'article 51 de la loi n° 2020-1721 du 29 décembre 2020 a modifié cette date : 1er juillet 2021.

www.legifrance.gouv.fr

Documentation 2 Délai d'action de l'administration (extrait de Mémento Fiscal Ed. Francis Lefebvre 2017)

§77700 – [...] le droit qui appartient à l'administration de réparer les omissions, insuffisances ou erreurs commises dans l'établissement de l'impôt ne peut être exercé que pendant un certain temps, appelé délai de reprise ou de prescription, à l'expiration duquel l'administration ne peut plus établir d'imposition primitive ou supplémentaire.

Le délai de reprise est en règle générale de trois ans. Des délais spécifiques sont toutefois prévus.

Notes personnelles

Crédits photographiques

Achevé d'imprimer sur les presses de l'imprimerie FAURITE

Imprimé en France
Dépôt légal : 2e trimestre 2023